CHAPERON

GÉNÉALOGIE

CHAPERON

GÉNÉALOGIE

BREST

Imprimerie ROGER Père, rue Saint-Yves, 32.

—

1876

A

GUILLAUME-CHÉRY CHAPERON

———

Je dédie ce travail à sa mémoire.

Henri CHAPERON.

2

FAMILLE CHAPERON

Ce nom, que les auteurs anciens ont écrit indifféremment : **Chappron, Chapperon,** et **Chaperon,** orthographe définitivement adoptée, a été porté par plusieurs familles distinctes, en Beauvoisis, en Bretagne, en Poitou, à Paris, à Orléans, en Flandre, en Alsace, en Dauphiné et en Guienne. Les Chaperon auxquels Laubrière, et après lui Courcy, donnent pour armes : *D'or à la fleur de lis de gueules en abîme, accompagnés de huit merlettes de sable, en orle,* sont orginaires de Beauvoisis, suivant Louvet (*Antiquités de Beauvoisis),* qui cite, un Robert Chaperon écuyer en 1200. Les Chaperon de Bretagne, transplantés en Anjou et successivement en Poitou et en Aunis, portaient : *D'argent à trois chaperons de gueules.* Les Chaperon de Guienne se disent issus des Chaperon de Bretagne. La tradition et l'histoire locales le disent avec eux. Les faits justifient ces traditions et les expliquent. La séparation a eu lieu en Aunis [1]. Leur auteur, *Chaperon de l'Aunis, originaire de Bretagne,* paraît en Guienne dès 1616, laissant

---

(1) Il existe aujourd'hui encore à la Rochelle une famille Chaperon qui conserve les mêmes traditions que les Chaperon de Guienne. Elle se dit, comme eux, *originaire de Bretagne.*

en Aunis un de ses fils, l'auteur de la branche aînée qui vient de s'éteindre, qui y vivait encore après 1627, et, de là, vint s'établir à Libourne avant 1641. Nous avons dressé la présente généalogie sur : les archives de Maine-et-Loire [1] ; la partie de généalogie donnée par Duchesne dans son *Histoire de la Maison des Chasteigner,* mais rectifiée sur les actes; les huit quartiers de GASPARD CHAPERON, chevalier de Malte; les paroissiaux de l'église de Saint-Jean-Baptiste, conservés aux archives de Libourne, et les actes. Nous la faisons précéder des noms isolés que nous n'avons pu rattacher à la filiation suivie.

NOMS ISOLÉS

1322. Guillemot Chaperon figure dans un acte d'Olivier, vicomte de Rohan, passé en sa cour de Ploërmel [2] qui approuve la vente faite par Alain Chabot à Olivier de Rohan son fils, du bois de Keranguis, dans le diocèse de Vannes, *scellé du scel Guillemot Chaperon,* mis à la requête dudit Allain, qui n'a propre scel, le *lundi après Ramos Palmarum* l'an 1322. (Dom Morice, t. I, *Preuves,* col. 1328.)

PONISSET CHAPERON, de la ville d'Esnandes en Aunis, témoin en 1455 dans le testament d'Hemonnet Raquier,

---

(1) **Dossier de la famille Chaperon.** Ce dossier est classé aux archives du département de Maine-et-Loire, sous le numéro 1933 de la série E. Il contient: 28 pièces parchemin, 6 pièces papier, 3 sceaux à peu près frustres. Nous faisons suivre les documents que nous avons puisés dans ce dossier, de la lettre (A).

(**Ploërmel,** chef-lieu d'arrondissement renfermant le canton de **Malestroit** que la tradition domestique assigne comme berceau originaire à la famille Chaperon actuelle.

seigneur de Romily, de la ville de la Rochelle. (Ch. or. Bib. nationale.)

JEAN CHAPERON échange avec Barthélémy du Chilliau, par contrat du 17 Juin 1500, une boisselée de terre sise à Rivoles, contre une autre sise à Bourgouyn. (Richard) [1].

Noble homme ANDRÉ CHAPERON, commissaire ordinaire de l'artillerie du Roi à La Rochelle, en 1537, capitaine de la tour de la chaîne [2]. Il était pair de la Commune, et vivait encore en 1552. Il avait une fille mariée à Jean Boureau [3] : *De gueules à un griffon d'or* (Ar. 1696. — La Rochelle, p. 270) [4]. Le Roi lui fit don, en 1540, d'une somme de trois cents livres tournois. (Ch. or. Bib. nationale.)

ANDRÉ CHAPERON, écuyer, seigneur de Champabon, paroisse de Thurageau, échangea quelques héritages avec N... Simonneau et Marie Bonnizeau, sa femme, par contrat passé sous la cour de Chenecé, le 27 Juin 1566. *(Beauchet-Filleau.)*

Le capitaine CHAPERON, « *gentilhomme de l'Aunis,* » commandait un régiment en Saintonge, en 1569, et la ville de Marans, près La Rochelle, quand La Noue s'en empara en

---

(1) **Richard.** Archives du château de la Barre, commune de Ménigonte. (DEUX-SÈVRES.)

(2) **Tour de la chaîne.** C'est la tour que l'on trouve à gauche en entrant dans la passe étroite qui conduit de l'avant-port dans le port de La Rochelle.

(3) **Amos Barbot,** bailli du grand fief d'Aunis, *(Manuscrit original à la Bib. nationale, en 1613.)*

(4) Nous désignons par Ar. 1696 : l'**Armorial général de France,** manuscrit de la Bibliothèque nationale.

1570. Il était maître-d'hôtel du maréchal Arthur de Cossé-Brissac, seigneur de Gonnord et de Secondigny en Poitou, commandant l'armée catholique. (Arcère, *Histoire de la Rochelle*, t. I, p. 884). Le comte de Lude s'empara de Marans le 1er Novembre 1569. Il en donna le commandement à Larivière Puy-Taillé, et lui laissa huit compagnies outre le régiment de Lude. Puy-Taillé étant mort quelque temps après, le capitaine Chaperon, qui était en Saintonge, eut ordre de venir prendre sa place et d'amener son régiment. Comme il passait à deux lieues de la Rochelle, on était alors à la fin de Février (1570), Eynard le chargea vivement, tailla en pièces une partie de son régiment et le força lui-même à prendre la fuite. Chaperon, entré à Marans, ne put se soutenir dans une place qu'on avait mal à propos dégarnie : il capitula donc, se voyant investi par de nombreuses troupes sous le commandement de Lanoue et de Puvient. Il obtint de se retirer à *Fontenay* avec sa garnison (Arcère, t. II, p. 161-305). C'est vers *Fontenay* que se trouvait la seigneurie de *Bourgneuf*, qui appartenait alors à la famille Chaperon.

JEAN CHAPERON et LEGIER CHAPERON, sont condamnés le 15 Mars 1576, par jugement de François Boyreau, licencié ès-lois, tenant les assises de la baronnie de Saint-Germain, à payer à Hellye de Combourgt, seigneur de la cour de Genouche, les rentes en nature et en numéraire qu'ils lui doivent, ainsi que tous les arrérages qui s'y rapportent. (A).

PIÉRRE CHAPERON, marié en 1587, à Marie Tarais ; *D'or à un chevron d'azur, chargé de trois étoiles d'or.* (Ar. 1696. —

La Rochelle, p. 335). Lui et son fils Jacques Chaperon, commandaient des navires de la flotte protestante en 1621 et 1622. (La Popelinière, *Hist. de France, année 1570).* « 11 Novembre » 1628. La flotte d'Angleterre, diminuée de dix brûlots qu'elle » avait perdus et de douze vaisseaux échoués ou détruits, fit » voile pour retourner dans ses ports, amenant avec elle le » duc de Soubise, le comte de Laval et plusieurs capitaines » Rochelais, qui avaient refusé le pardon du Roi. L'amiral » anglais ne voulait pas laisser s'éloigner un seul des vaisseaux » avec lesquels il était venu. C'est sans doute par suite de » quelque contestation sur ce point qu'un des réformés » français, *le capitaine Chaperon,* fut abandonné dans une » chaloupe, à la merci des vents et des flots, pendant que son » bâtiment suivait la flotte anglaise. » (A Bazin, *Histoire de France,* t. ii, p. 117).

Jacques **CHAPERON**, sergent royal, possédait, le 16 Janvier 1603, une maison tenant par derrière à celle de Renée Claverier, veuve de Ligier, seigneur de la Sauvagière, qui était située rue Franche, à Saint-Mexent. (Richard.)

Pierre **CHAPERON** épousa, par contrat passé par devant Bertrand Lecourt, le 3 Août 1623, Ambroise Chantdoiseau (Thorode) [1], qui devait être fille de N... Du Tour : *De gueules à deux léopards d'or l'un sur l'autre, à la bande d'azur brochante sur le tout,* (Andouys, p. 160 [2]) seigneur de Chant-

(1) **Thorode,** *Collection de notes sur les familles de l'Anjou,* N° 1004 des manuscrits de la bibliothèque d'Angers.

(2) **Andouys,** *Armorial de l'Anjou,* N° 994 des manuscrits de la bibliothèque d'Angers.

d'oiseau, paroisse de Thouars, famille alliée aux Poyer, auxquels Anselme a consacré, t. VI, p. 470, un article motivé par Guillaume Poyer, chancelier de France.

Louis CHAPERON, écuyer, seigneur de la Guerrie, avait épousé damoiselle Marie Bonnet-d'Arsac : *D'or au lion de gueules, à la bordure de sable chargée de huit besans d'or*, qui est Bonnet; *de sable à l'aigle éployée d'argent, becquée et onglée de gueules*, qui est d'Arsac. (De Chergé, t. I, p. 394) [1], et mourut en 1651. A la requête de sa veuve, non commune de biens, par signification d'Avril, huissier à Angers, le 16 Décembre 1651, ajournement à comparaître devant le lieutenant-général de la sénéchaussée d'Angers est donné à messire Charles Barillon, chevalier, seigneur de Bouloires ; René de Grange, chevalier, seigneur du Puy-Guyon ; damoiselles Louise et Marguerite Barillon, pour eux se voir condamner à payer à ladite damoiselle veuve, la somme de 603 livres qu'ils lui doivent. (A.)

CHAPERON de SAINT-ANDRÉ, dont la descendance, tombée en quenouille, habitait encore la Rochelle en 1714.

Samson CHAPERON, seigneur de Ferrières, demeurant à Vassine ; (Montguyon, *bans de 1638 à 1730) qu'on retrouve en Guienne, établi à Coutras*, où sa descendance, tombée en quenouille, était naguère encore représentée.

Jacques CHAPERON, épousa par contrat passé devant Jacques Lecourt, le 21 Avril 1663, Perrine Cheminard :

---

(1) **De Chergé**. Dictionnaires des familles du Poitou.

D'argent à trois losanges de sable posés 2 et 1. (Andouys, p. 54, verso). (Thorode), des seigneurs de Chalonges, de Huges et de Malitourne, famille alliée à celle des Poyer.

CATHERINE CHAPERON, veuve en 1691 de CHARLES DE TUSSEAU : *D'argent à trois croissans montans de gueules* (Goujet, p. 41) [1], fit enregistrer ses armoiries à l'*Armorial général de France*, et les déclara : *D'argent à trois chaperons de gueules.*

CHARLOTTE-ANGÉLIQUE CHAPERON de SAINT-ANDRÈ, veuve, en 1714, de DAVID DE SETON : *D'or à trois croissans de gueules enfermés dans un double trescheur de gueules fleur-delisé de même, l'un en dedans et l'autre en dehors.* (Ar. 1696. — Paris, t. IV, p. 122), seigneur de Morfontaine (Masson, notaire à la Rochelle).

GENEVIÈVE-CLARISSE CHAPERON de SAINT-ANDRÉ, sœur de la précédente, veuve de LOUIS HUET : *D'or à la fasce de gueules* (Goujet, p. 196), seigneur de Dompierre (Masson, notaire à la Rochelle.)

PAROISSIAUX DE LA ROCHELLE

Baptême de MARIE, fille de ROBERT CHAPERON et de Josèphe Drouyne ; parrain, Pierre Chaperon. 25 Septembre 1566 (Salle Gargoulleau).

Baptême de PIERRE, fils de PIERRE CHAPERON et de

---

(1) Goujet. *Armorial du Poitou.*

Jeanne Denoveau; parrain, Pierre de Beaulne; marraine, Marie Cochet, 17 Juin 1577 (Salle Saint-Yon).

Mariage de MARIE CHAPERON, avec Jeremie Piocheau. 28 Août 1610 (Salle Saint-Yon).

Baptême de REBECCA, fille de JACQUES CHAPERON et de Jeanne Chesnet : *D'argent à un lion de sable, lampassé et armé de gueules* (Ar. 1696. — La Rochelle, p. 335; parrain, JEAN CHAPERQN; marraine, Rebecca Rean, 14 Juin 1621 (Salle Saint-Yon). Louis Chesnet, chevalier, seigneur des Ayeux, est dit dans l'*Armorial de France*, époux de Marie-Elizabeth de Joigny.

L'Aunis est le pays qui a été le plus ravagé par suite des guerres religieuses. C'est le pays où il existe le moins de documents anciens. C'est ce qui explique sa pauvreté en documents paroissiaux. Mais le peu qu'on y trouve suffit pour établir qu'en ce qui concerne la famille Chaperon, les paroissiaux de Libourne ne sont que la continuation des paroissiaux de la Rochelle. Ce sont les mêmes noms bretons de Jean, de Jacques et de Pierre, que les Chaperon de Guienne, suite des Chaperon de l'Aunis, transmettent à leurs descendants, avec la tradition qui les dit *originaires de Bretagne*.

CHAPERON

Seigneurs de la Chaperonnière, de la Chabocière, de **Savenières**, de la Bourgonnière, de la Lande-Chaperon, de **Mescrin**, de **Lorillon-nière**, de **Mazangeau**, de **Bernay**, de la Roche, de la **Fauchardière**, de **Montfaucon**, de **Couhé-de-Vache**, de **Terrefort**, de **Bourgneuf**, de **Ladelin**, de la **Guérinière**, de **Lataste**, etc. etc., originaires de Bretagne, et successivement établis en Anjou, en Poitou, en Aunis, et en Guyenne.

ARMES. Bretagne : *D'argent à trois chaperons de gueules* (1).
» Guienne : *De gueules à l'arbre terrassé de sinople, le tronc traversé d'une levrette courante d'argent, et surmonté de trois étoiles rangées de même, en chef* (2).

La Famille **CHAPERON**, établie en Bretagne dès les temps les plus reculés, doit, à juste titre, être comprise au nombre de celles qu'on est convenu d'appeler d'ancienne chevalerie. Un de ses membres , messire Rolland Chaperon , chevalier,

---

(1) **Quartiers** de Charles et de Gaspard Chaperon, chevaliers de Malte ;
De Varennes. *Le Roy d'Armes.*
Vertot. *Hist. des chevaliers de S. Jean de Jérusalen ;*
Beauchet-Filleau. *Dictionnaire des Familles du Poitou ;*
Courcy. *Nobiliaire et Armorial de Bretagne, et etc.*

(2) **Armorial de 1696.** Guienne. Reg. I, n° 159, f° 145.

seigneur de Savenières [1], figure parmi les nobles exempts de l'impôt du *fouage*, dans l'enquête de la paroisse d'Anetz, évéché de Nantes, l'an 1437. Personne n'ignore que ces enquêtes avaient pour but de découvrir les personnes qui s'étaient indûment affranchies du paiement des fouages ou impôts par feu ou ménage, dont la noblesse était exempte, à cause de son obligation au service militaire. En interrogeant dans chaque paroisse les témoins choisis parmi les collecteurs, fabriqueurs ou autres paroissiens, les commissaires parvenaient à établir, d'après la notoriété publique, le rôle des personnes et des terres sujettes à l'impôt. Vers 1420, la famille Chaperon était divisée en trois branches : la branche de la Chaperonnière, paroisse de Jallais, près Beaupreau en Anjou ; celle de la Chabocière, paroisse du Pin (en Mauges), aussi près Beaupreau, en Anjou, et celle de Savenières [2], paroisse d'Anetz, près

---

(1) **Minu des feux de la paroisse d'Anetz**, reçu par Jean de la Grangiére et Guillaume Chaussée, commissaire, quant à ce ordonnez par lettres du duc, notre souverain sieur, l'an 1437, présents les témoins jurés sur les saints Evangiles, en faire le rapport bien dévotement.

Nobles accoutumés être francs et exempts de fouages aux temps passés, et les noms des métayers et exempts :

Jean Mabit, sergent de **messire Rolland Chaperon, chevalier, seigneur de Savenières**, demeurant.

Perrot Gérard, sergent de Gérard de Chevigné, seigneur d'Anetz.

Le métayer de la Bodaudière, pour Gérard de Chevigné, seigneur d'Anetz, l'hostel dudit sieur d'Anetz, où il y a un concierge non contributif, etc. (Courcy.)

(2) **Savenières**, juridiction *d'Anetz* appartient à : **Rolland Chaperon**, 1437. — **François Chaperon**, 1475. — Gilles de Clérembault, par son mariage avec **Jeanne Chaperon**, 1500. — Arthur de Chevigné, 1543. — Christophe de Sesmaisons, 1620. — Vendu par Claude Sesmaisons à Charles de la Noue, seigneur de Vair en Anetz, 1651. — En 1653, la seigneurie de Vair est érigée en comté sur la tête de Charles de la Noue ; en 1664, celui-ci vend Vair à Claude de Cornulier, et cette famille de Cornulier n'a pas cessé de posséder ce domaine. C'est en 1651 et 1653 que Savenières est complétement englobé dans Vair, que

d'Ancenis en Bretagne. Elles étaient voisines [1], habitant les confins de ces deux provinces, mais l'une en Bretagne, les deux autres en Anjou. La branche de la Chaperonnière, tombée en quenouille, s'éteignit en 1440 avec Alnette Chaperon, dame de la Bourgonnière, qui, ayant épousé Jacques du Plessis, apporta ses terres et seigneuries dans la maison du Plessis. Celle de Savenières tombée aussi en quenouille, s'éteignit avec Jeanne Chaperon, dame de Savenières, qui, ayant épousé par contrat du 14 Août 1496, Gilles Clerembault II du nom, apporta ses terres et seigneuries dans la maison Clerembault. La branche de la Chabocière continua seule, jetant deux rameaux en Poitou et en Annis, où elle se trouvait encore avec Gaspard Chaperon en 1629, établie depuis quatre générations à Bourgneuf, qu'on croit être Bourgneuf, paroisse de Marsais, vers Fontenay en Poitou, mais sur les confins de l'Aunis [2]. On trouve au même moment en Aunis, Noble Arnaud Chaperon, capitaine dans le régiment du marquis de Montausier [3], gouverneur de La Rochelle [4], fils de Julien Chaperon, lequel

---

toute trace en disparaît et que même le nom en est perdu, sans que le souvenir s'en soit conservé dans la population. *Dictionnaire des Seigneures du Comté Nantais.* — E. de Cornulier.

(1) Le château de la *Bourgonnière* s'aperçoit du château de Vair, en Anetz, où se trouvait *Savennières*. La Loire les sépare.

(2) On trouve encore aujourd'hui *Saint-Laurent-Lassalle*, commune voisine de *Bourgneuf*, paroisse de *Marsais*, canton de l'Hermenault, arrondissement de Fontenay-le-Comte, quelques isolés de ce nom.

(3) **Guinodie.** *Histoire de Libourne*, t. II, p. 570.

(4) **Léon de Sainte-Maure**, comte de Jonsac, *marquis de Montausier*, mestre de camp d'un régiment d'infanterie par brevet du 27 Septembre 1627 ; gouverneur de La Rochelle par provisions du 24 Février 1633 ; lieutenant général pour le Roi aux gouvernements de Saintonge et Aunis (Anselme, *Généal. Sainte-Maure,*) — (Arcère, t. II, p. 571.) On croit que le régiment commandé par le marquis de

Julien, établi à Libourne dès 1616, devint l'auteur de la branche de Guienne.

La branche de Bretagne et d'Anjou a produit depuis le XVme siècle : un chambellan du roi Charles VII, deux capitaines de places fortes, deux abbés réguliers, deux chevaliers de Saint-Jean de Jérusalem, etc. Ses armes, que nous avons rapportées d'après le P. de Varennes et Vertot, étaient : *D'argent à trois chaperons de gueules.*

Les armes des Chaperon de Guienne, que leurs traditions rattachent aux précédents, ont été enregistrées à l'*Armorial de 1696* : *De gueules à l'arbre terrassé de sinople, le tronc traversé d'une levrette courante d'argent, et surmonté de trois étoiles rangées de même, en chef* [1]. Cette branche a produit : deux greffiers en chef à la Cour des Aydes de Guienne ; deux maires de Libourne ; des conseillers au présidial de la même ville ; des jurats ; un secrétaire du Roi maison et couronne de France ; un premier président trésorier de France général des finances ; un conseiller au Parlement de Bordeaux ; un officier au Royal-Champagne. Elle a voté à l'assemblée de la noblesse de la sénéchaussée de Guienne pour l'élection des députés aux États généraux de 1789, et a donné quatre victimes à l'échafaud révolutionnaire. [2]

Montausier, était le régiment de *Sainte-Maure* qui se trouvait au siége de La Rochelle en 1628. C'est ce régiment que commandait Alexis de Sainte-Maure, fils de Léon, après qu'il eût succédé à son père dans le gouvernement d'Aunis-Saintonge.

(1) **Brevet de Charles d'Hozier**, du 29 Janvier 1698, original dans les mains de la famille. — Dans le manuscrit de d'Hozier. que l'on trouve à la Bibliothèque nationale, la levrette *traverse* le tronc de l'arbre. Dans le brevet original signé d'Hozier, elle le *charge.*

(2) Jean-François de Rolland, fils de Jeanne de Chaperon ; François-

FILIATION SUIVIE

§ I

Seigneurs de la **Chaperonnière**, de la **Bourgonnière**, de **Bouzillé**,
et de la **Houdrière**, éteints. *

A N J O U

I. N... CHAPERON, seigneur de la Chaperonnière, paroisse
de Jallais [1] près Beaupreau en Anjou, « terre qui doit son nom
» comme la rue Chaperonnière d'Angers à la puissante famille

Armand de Saigne, fils de Marie [de [Chaperon ; François-Joseph Chaperon de
Terrefort, et Paul-Romain Chaperon, ont péri sur l'échafaud révolutionnaire.

(1) **La Chaperonnière**, paroisse de *Jallais*, appartient à : **Jean Chaperon I**
avant 1384. — **Jean Chaperon II** en 1421. — **Auvergnais Chaperon**, son
fils en 1428. — Jean du Plessis, fils aîné d'**Alnette Chaperon**, 1440. — Jacques
du Plessis, frère du précédent, 1443-1473. — C'est ùn Jean du Plessis et Renée
de Coesme, sa femme, qui firent reconstruire le château en 1530 ; devenue
veuve et remariée à Odet de Bretagne, comte de Vertus, elle abandonna ce logis
à ferme ; 1609, Georges de Vaudray, marquis de Saint-Phal, céda la terre par
transaction, du 29 Octobre, au maréchal de Cossé-Brissac. — Elle était annexée
avant 1647 au marquisat de Cholet. — Le château brûlé, en 1794 appartient
aujourd'hui à M. de Boissard. Château rectangulaire des premières années du
xv° siècle. Une partie vers l'Esl, incendiée par la révolution, sert de logement au
fermier ; l'autre partie vers l'Ouest, intacte. La façade principale est ornée de
fenêtres à meneaux simples ou entrecroisés et de pignons à crochets, ornements
et fleurons, et garde accolée au centre, une belle tour octogone à triple étage, où
circule un superbe escalier en granit, et dont la porte en accolade, à chou fleu-
ronné, décorée d'élégants feuillages sculptés, est surmontée des armoiries des du
Plessis : *De sinople à l'écu d'argent en abîme, accompagné de huit coquilles de même
en orle*, et d'un autre écusson *parti* du précédent et *De gueules fretté d'hermine*,
qui est de Coesme. Vers le Sud, la chapelle transformée en hangar par l'ouverture d'un portail dans le plein du chevet ; à l'intérieur une crédence en accolade,

» Chaperon, qui la posséda jusqu'en 1440. Race de chevaliers,
» sans cesse « au service ordinaire » du Roi, elle a laissé un
» souvenir légendaire. La complainte de la Pie, populaire
» dans la Vendée, raconte les aventures d'un seigneur de la
» Chaperonnière, qui trouve au retour de la guerre sa femme
» remariée, » (Port, t. i, p. 622) [1], — pouvait dans l'ordre
des temps être le même que Guillemot Chaperon, qui met son
sceau sur un acte d'Olivier, vicomte de Rohan, passé en sa
cour de Ploërmel, le lundi après Ramos Palmarum, l'an 1322.
(Voy. p. 8.) Il fut le dixième aïeul de Gaspard Chaperon,
chevalier de Malte, reçu le 24 Avril 1629, dont les huit quartiers sont en la page 530 du *Catalogue des chevaliers de Saint-
Jean-de-Jérusalem, reçus au grand prieuré d'Aquitaine*, manuscrit original que l'on trouve à la bibliothèque de l'Arsenal. Il
a laissé deux fils :

1° N... CHAPERON DE LA CHAPERONNIÈRE, qui suit ;

---

ainsi que l'arc de la porte, dont l'encadrement se continue jusqu'à terre en forme
de colonnettes. A distance, dans le flanc de la large et belle chaussée de l'ancien
étang, a poussé, depuis deux cents ans, un chêne aujourd'hui découronné, de
5 mètres de circonférence, à 60 cent. au-dessus du sol. L'Evre, passait au Nord
au pied du château. A 5 kil. à l'Est se trouve l'église de Notre-Dame de Jallais,
dont l'une des chapelles, celle du St-Sauveur, située en face du château, était
consacrée à la sépulture des seigneurs de la Chaperonnière. C'est dans la tour de
ce château, que Cathelineau fut tué le 29 mai 1832. Lors de la tentative de la
duchesse du Berry, il devait prendre le commandement de la Vendée, et attendait
des ordres à la Chaperonnière, avec MM. Moricet et de Civrac ; leur retraite y fut
dénoncée et la ferme entourée par la ligne et la gendarmerie : leur retraite dans
la cour octogone, dont tous les étages se communiquent, déjouait toutes les
recherches ; mais en entendant menacer de mort le fermier Guinhut, Cathelineau se découvrit et fut aussitôt abattu d'un coup de feu tiré presqu'à bout
portant. MM. Moricet et de Civrac, conduits en prison avec le fermier, furent
acquittés huit mois plus tard par le jury d'Orléans (Port. t. i, p. 622.)

(1) **C. Port.** Dictionnaire historique, biographique et géographique de
Maine-et-Loire.

2° Philippe CHAPERON, valet, puisné de sa maison, qui sera rapporté au § III.

II. N... CHAPERON, seigneur de la Chaperonnière, était, d'après la coutume d'Anjou [1], le frère aîné de Philippe Chaperon, valet, puisné de sa maison, qui, le *mercredi après la fête de la Décollation de Saint Jean-Baptiste*, en l'an 1351 [2], par contrat passé au château de Dieuzie, maria sa fille Jeanne Chaperon à Baudoin de Savonnières, seigneur de Brehery. On ne connaît pas ses alliances. Il laissa :

1° Jean CHAPERON de la Chaperonnière, qui suivra;

2° Jean CHAPERON, chevalier, conseiller de Louis II duc d'Anjou et roi de Sicile, allié aux Laval et mort sans laisser d'enfants en 1429. En 1409 « Die nativitati filii regis Ludovici » obtulerunt rompatres dicti Regi, videlicet : Dominus » Johannus Chaperon, miles, ad majus altare, et altare sancti » Regnati 12 scuta. (Thorode). » Probablement la naissance en 1409, du bon roi René roi de Sicile, duc d'Anjou. En 1420 il ratifie le mariage du Roi avec Isabeau de Bretagne. Au bas de la lettre, signé Louis. *Sur le replis :* Par le Roi en son conseil : messire Raymond d'Agoult, seigneur de Sault, Tristan de la Jaille, Jean d'Averton, Jean Chaperon, chevaliers.

---

(1) **Coutume d'Anjou** confirmée par enquête de 1340 sous le règne de Philippe de Valois : « Il est d'usage et de coutume entre frères et sœurs, *lorsqu'il* » *arrive une succession, elle appartient en entier à l'aîné*, sans que ses frères et » sœurs y puissent prétendre autre chose que ce qu'il plaît à l'aîné de leur • donner. C'est pourquoi nous requerons que cet usage soit aussi conservé entre » les sœurs comme entre les frères. S'il arrive que l'on prouve par des actes que » les choses ont été autrement que nous le disons, nous protestons contre par » la raison qu'un usage si longuement et si paisiblement gardé doit l'emporter » sur le droit écrit. (Menage, *Histoire de Sablé*, p. 176.)

(2) **Trincant.** Histoire généalogue de la maison de Savonnières. Poitiers 1638.

(Dom Morice, t. ii, *Preuves*, col. 1103.) « J'ai parlé ci-devant
» de la maison des Chaperon ; j'ai rapporté quelques-unes de
» ses alliances qui démontrent sa noblesse ; mais, ce que j'ai
» recueilli depuis des titres du trésor du château de Meaulne,
» témoigne qu'elle était puissante et alliée à celle de Laval,
» (branche cadette des Montmorency) [1], une des plus
» puissantes du royaume ; car ils portent que Jean de
» Savonnières IV du nom, seigneur de la Bretesche, ayant
» été un des exécuteurs testamentaires de Jean Chaperon,
» chevalier, mort l'an 1429, trouva encore, deux ans après sa
» mort, dans les coffres qu'il fit ouvrir, par autorité de justice,
» un grand nombre de vaisselle d'argent, marquée des armes
» des Chaperon et de Laval (Trincant, p. 54.) » Un acte du
25 Février 1429 [2], rédigé en présence de Guillaume de la
Vernière et de Jean Floric, écuyers, constate qu'il eut pour
héritiers : Jeanne Chaperon, fille de Jean Chaperon I de la
Chaperonnière, Hardouin de la Porte, chevalier, seigneur de
Vezins, son mari, et que son principal héritier fut le père de
Jean Chaperon de Mazangeau, c'est-à-dire Geoffroy Chaperon
de la Chabocière. La connaissance de ses héritiers nous l'a fait
ranger comme frère de Jean Chaperon I de la Chaperonnière,

(1) Guy, baron de Laval, et Avoise, sa femme, n'eurent qu'une fille Emme,
mariée en 1201 à Mathieu de Montmorency, connétable de France, veuf de
Gertrude de Soissons. Du premier lit issut Bouchard, qui a continué la filiation
des Montmorency ; du deuxième lit, Guy qui succéda à sa mère dans la seigneurie
de Laval, dont il prit le nom ainsi que ses descendants, et qui épousa Philippe,
dame de Vitré. (Courcy, t. i, p. 384.)

(2) Messire **Hardouin de la Porte**, chevalier, et dame **Jeanne Chaperon**, sa femme, tant à cause d'elle qu'en son nom, et encore comme ayant
e bail de **Jean Chaperon, fils de feu l'héritier principal de feu messire
Jean Chaperon**, quitte, cède et délaisse à Jean de Savonnières, seigneur
de la Bretesche, la somme de 50 écus d'or qu'il avait eus autrefois de Rolland
Chaperon, sur les meubles dudit feu messire Jean Chaperon, ce qui fut fait le
25 Février 1429, en présence de Guillaume de la Vernière et de Jean Floric,
ecuyers. (Trincant, p. 164.)

mais la même raison aurait pu le faire classer comme frère de Jean Chaperon I de la Chabocière. Nous l'avons supposé de la branche aînée à cause de sa grande situation, mais surtout à cause de son alliance illustre; mais l'erreur qui pourrrait résulter de cette hypothèse serait tout-à-fait secondaire et ne modifierait en rien l'arbre généalogique tel qu'il est officiellement établi. Laval, armes antiques : *De gueules au leopard d'or* (sceau 1281) ; moderne : *D'or à la croix ancrée de gueules, cantonné de seize allerions d'azur*, qui est Montmorency, *la croix chargée de cinq coquilles d'argent* (Courcy, t. ii, p. 84).

3º N... CHAPERON, écuyer de la retenue de Bertrand Duguesclin, dans une montre reçue à Caen, le 1ᵉʳ Décembre 1370 (Dom Morice, t. i. Preuves, col. 1644), fils présumé.

4º Rolland CHAPERON, fils ou petit-fils présumé qui sera rapporté au § II.

III. Jean CHAPERON 1ᵉʳ du nom , chevalier, seigneur de la Chaperonnière, paroisse de Jallais, possédait plusieurs seigneuries de ce nom, dans d'autres paroisses [1]. On trouve

---

(1) **La Chaperonnière**, commune d'Ambillon, ancien fief, relevant de la Grezille, appartient à : **Lucette Pelaud**, en 1417. — **Aînette Chaperon**, femme de Jacques du Plessis, 1434. — Pierre d'Assigné, 1613, et plus tard annexe à la terre de Hilay. — Ferme, commune de *Chalonne-sur-Loire*. — Commune *du Champ*, autrefois de la paroisse de *Thouarcé*, ancien fief réuni à la terre du Pineau. — Ferme, commune de *Chantocé*, ancien fief relevant de Chantoceaux, où rend aveu en 1445, Jacques du Plessis, chevalier. — Commune de *Chemillé, La Chaperonère*, 1225, appartenait en 1790 à la famille d'Havré.

La Chaperonnière, hameau, commune de *Sommloire*, donne son nom au ruisseau né sur la commune qui se jette dans le ruisseau de l'Argent. 3,630 mètres de cours. — hameau, commune de *Landemont*. — Ferme, commune de *Saint-Remy-en-Mauges*. — *Le lien et bordaige des chapronnières* (1633), encore pour moitié en landes et mauvais patis au XVIIIᵉ siècle.

La Chaperonnière, commune de *Thouarcé*, ancien fief, avec maison dans le bourg, dont est sieur **Jean Chaperon I**, 1400, — **Jean Chaperon II**, 1424. — **Auvergnais Chaperon**, 1428. — Jean du Plessis, fils d'**Aînette Chaperon**,

encore aujourd'hui dans la commune de Beaucé, près Beaugé, un ancien domaine appelé *l'Hôtel Chaperon* [1]. Il devait être marié en 1375, car dès l'an 1400 il avait déjà des enfants établis. En 1384 il hérita par sa femme des terres de la Bourgonnière et de Bouzillé ; le 10 Mai de la même année, par contrat passé sous le scel de Saumur, il acquit une rente sur quelques héritages ; le 18 Octobre 1398, il en acquit une autre de 50 sols, par contrat passé sous le scel d'Angers ; à ce dernier contrat assistait comme témoin Guillaume Chaperon. Vers 1414, il acheta à Raoul Belot et Guillaume Laisné un hôtel qui prit le nom de *Hôtel de la Chaperonnière*, et donna son nom à la rue [2]. Il était mort quand sa femme fit son testament le 16 Août 1421. Il avait épousé Lucette Pelaud : *D'argent à trois aigles éployées de sable* (Trincant, p. 11), fille aînée et principale héritière de Hugues Pelaud, seigneur de la Bourgonnière et de Bouzillé et de Marguerite de Savonnières de la maison de Meaulne ; ladite Marguerite, fille aînée de Beaudoin de Savonnières III et de la dame de Semblonne, avait une sœur puisnée qui fut mariée à Jean de la Jumelière. Ladite LUCETTE fit son testament, le 16 Août 1421, au château de

---

1440. — Jacques du Plessis, frère du précédent, 1443, 1473. — Guy d'Aussigné, 1478. — Pierre d'Aussigné, 1512. — François Gauthier, 1526, 1541. — Martin Gauthier, 1579. — Antoine de l'Esperonnière, 1598. — François de l'Esperonnière, 1618. — (Port. — Actes.)

(1) Bonneserre de Saint-Denis.

(2) Cet hôtel existait encore en 1860. Il était composé d'un pavillon central avec cour antérieure, et deux ailes reliées par un haut mur au milieu duquel se trouvait un massif portail jadis armorié. Son propriétaire, M. Cheux, riche habitant d'Angers, le fit abattre à cette époque pour construire à peu près sur le même plan extérieur, un logis moderne qui porte le N° 9 de la rue *Chaperonnière*, (Bonneserre de Saint-Denis.)

Dieuzie ; prenant la qualité de dame de la Chaperonnière et de Bouzillé, elle prescrivit sa sépulture en l'église de Notre-Dame de Jallais, en la chapelle de feu son seigneur et époux et de ses prédécesseurs, (qui est la chapelle de *Saint-Sauveur*, située en face du château de la Chaperonnière). Après plusieurs legs aux églises, elle donne : à la fille Jannette Chaperon, quatre vaches et dix écus, voulant qu'elle soit nourrie à son hôtel jusqu'à ce qu'elle fut mariée, et, lorsqu'elle serait mariée, qu'elle fut vêtue par ses héritiers ; au frère de ladite Jeannette, 20 livres ; à Jean de la Touche, vingt sextiers de seigle, mesure de Montrevau ; elle laisse à sa fille Alnette, sa houppelande ⁽²⁾ vermeille d'écarlate et une longue robe noire ; à Françoise du Plessis, fille de ladite Alnette, sa longue robe d'écarlate garnie de trois pièces, c'est à savoir : un cercot ouvert long ou cercot clos, une cotte simple et son chaperon long de velours ; ⁽³⁾ à

---

(1) **Dieuzie.** La Roche-Dieuzie était couronnée d'un château fort qui fut détruit dans le xvme siècle. C'était une place mémorable, dit Mezeray, qui fut ruinée durant les guerres des Anglais. Ce fut probablement en 1430, époque si désastreuse pour l'Anjou. **J. E. Bodin.** *Recherches historiques sur l'Anjou et ses monuments.* 1821 (t. II, p. 281). Le château est situé dans l'arrondissement de Rochefort-sur-Loire, *seigneurie, à 20 kil. d'Angers, qui appartenait jadis aux comtes d'Anjou.* C'est au château de Dieuzie que fut passé, le mercredi après la fête de la Décollation de Saint Jean-Baptiste, l'an 1351, le contrat de mariage de Jeanne, fille de Philippe Chaperon, valet, puisné de sa maison, avec Baudoin de Savonnières, seigneur de Brehery. C'est à *Rochefort-sur-Loire* qu'habitait la noble dame qui eut pour époux le **Petit Chaperon.**

(2) **Houppelande.** On appelait ainsi un manteau de femme, à queue traînante, garni de fourrures et de broderies (A. Charuel, t. I. p. 560.)

(3) **Chaperon.** Cette coiffure dont l'usage remonte à la première race, était encore très en vogue à Angers parmi les femmes du peuple en 1789, et l'on voit encore en porter celles qui habitent sur les bords de la rivière. Cette coiffure d'étoffe assez ordinairement rouge, qui descend jusque sur les épaules, n'a éprouvé aucun changement dans sa forme depuis huit cents ans, comme le prouvent nos anciennes tapisseries. Jusqu'aux guerres religieuses (1572), le chaperon de velours était exclusivement réservé aux dames et demoiselles

Louise Chaperonné, dix livres pour aider à la marier ; et à
Jeanne *Chaperonne*, sa cotte simple d'écarlatte, sa houppelande
de marguin fourrée de menu, son corset court le meilleur,
et cent livres ; et au surplus de ses autres robes, voulut qu'elles
fussent données au plaisir de son fils Jean Chaperon. Elle
donne à Macée, avoüée de feu Guillaume Chaperon, son fils,
trente livres ; et en cas que les exécuteurs de feu Pierre
Chaperon, son fils, ne voulussent donner les cent livres qu'il
avait ordonnées à Perrine Chaperon, lui donna pareille somme.
Elle nomma pour ses exécuteurs testamentaires, Jean Chaperon, son fils ; Jeanne *Chaperonne*, sa fille ; Jacques du Plessis et
Alnette, sa femme ; Guillaume de la Jumelière, Rolland Chaperon, Jean Chaperon, recteur de Vallet, et Pierre Lebrun.
Furent présentés à ce testament : Marguerite Gasseline, dame de la
Iosselinière, Perrine Chaperon et Jeanne de la Croix (Trincant).
Dans ce testament, que nous rapportons textuellement, Lucette
donne à sa fille aînée Jeanne, le nom de *Chaperonne*, c'est-à-
dire le nom du père, féminisé. Cet usage était commun en
Anjou, à cette époque. Dans les actes on voit la fille aînée de
Pelaud s'appeler *Pelaude ;* la fille de Fauchard, *Faucharde ;*
la fille de Malard, *Malarde,* la fille aînée de Jean II Chaperon, *Chaperonne*, etc. Cet usage s'est conservé dans
la famille Chaperon, et naguères encore à Libourne, Jeanne-
Elisabeth Chaperon, née en 1783, fille de Jean-Mathias-
Auguste et de Marie Granseau, n'était connue que sous le
nom de *Chaperonne*. De ce mariage issurent :

nobles ; ce n'est qu'à partir de cette époque que l'on vit des bourgeoises laisser
le chaperon de drap pour prendre celui de velours. Louvet a transmis les noms
des premières qui firent ce changement (Bodin, t. ɪ, p. 263).

1° JEAN CHAPERON qui suit ;

2° FRANÇOIS CHAPERON, mort en Hongrie sans avoir été marié,

3° PIERRE CHAPERON, chevalier, seigneur de Souvigné, paroisse du même nom près Sablé, mourut en 1420. Sa mère Lucette rapporte dans son testament qu'il avait légué cent livres à Perrine Chaperon sa nièce. Il avait épousé noble dame Jeanne d'Averton, que l'on croit fille de Payen d'Averton, damoiseau, maître d'hôtel de la duchesse d'Anjou, et chambellan du prince de Tarente son fils, seigneur de Belin, du bourg d'Averton, de Luzere et de la Rotière (Betancourt). Agissant tant en son nom que comme exécutrice principale dudit feu Pierre Chaperon, chevalier et ayant le bail, garde, gouvernement et admi-nistration des enfants, elle constitua le 2 Juillet 1420 par devant le Bouchier notaire au Mans, Jean Morin et Jean Fournaget exécuteurs du testament dudit défunt, pour ses procureurs spéciaux (A.) C'est parmi ces enfants que l'on doit sans doute ranger Louise Chaperonne, qui comme les autres petites filles de Lucette Pelaud, Perrine Chaperon et Françoise du Plessis, reçoit un legs par son testament. Son nom féminisé semble indiquer qu'elle devait être l'aînée. La maison d'Averton, ancienne et illustre, était en possession, dès les temps les plus reculés, de la seigneurie d'Averton, paroisse du Passais-Manceau au N.-O. du Mans ; elle remonte à Bouchard d'Averton, aux croisades de 1160, et portait : *Bnrelé d'argent et de gueules* (Fourmont, t. III, p. 5) [1].

4° GUILLAUME CHAPERON, qui mourut jeune et sans postérité, après avoir délaissé sa fille naturelle Macée, à qui Lucette Pelaud fit un legs par son testament, et qui pouvait être Guillaume Chaperon qui figure au rôle des arbalétriers de la

---

(1) **De Fourmont**. *L'Ouest aux Croisades.*

retenue de Jean de Penhoat, amiral de Bretagne ' dans une montre du 27 Juin 1420 reçue à Montfort. (Dom Morice, t. II, Preuves, col. 1015).

5° Jeanne CHAPERON, nommée exécutrice du testament de sa mère, fut mariée deux fois : 1° à Hugues de Beaumont, chevalier, seigneur dudit lieu et du Bois-Charruau : *De gueules à l'aigle d'or* (Courcy, t. I, p. 44) [1]. Elle eut en dot vingt livres de rente et agissait comme sa veuve le 13 Janvier 1419 ; elle n'en eut pas d'enfant ; 2° elle épousa vers 1420 Hardouin de la Porte, chevalier, seigneur de Vezins [2] qui comptait parmi ses ancêtres Hardouin de la Porte, nommé avec Jean de Champ-Chevrier, Barthélemy des Monts, Thibaut des Escotais, Rotrou de Montaigu, dans l'acte de garantie donnée par Richard Cœur-de-Lion, à Jacobo Jota, Andreo Leconte et Ugheto de Boso, citoyens de Pise, qui avaient prêté aux susdits croisés la somme de deux cents marcs. *Fait à Acre, le 21 Juillet 1171.* En vertu de cet acte, les armes de

(1) **De Beaumont.** — Jean, sire de Bressuire, vivait en 1313 ; Jacques, chambellan du Roi, senéchal du Poitou en 1476, et l'un des familliers du roi Louis XI ; Louis, évêque de Paris, mort en 1492 (Courcy).

(2) **Vezins.** — Le bourg et le château étaient situés entre Vihiers — qui appartenait, en 978, à Albéric, fils de Bouchard de Montmorency, à qui il avait été donné par Geoffroy Grise-Gonelle son parent, qui l'avait appelé près de lui en Anjou — et Cholet. — Le seigneur de Vezins comme vassal de celui de Vihiers, lui devait une garde de 250 hommes eu temps de guerre (Bodin). La terre de Vezins devenue baronnie est restée dans la famille de la Porte jusqu'en 1535. Le 15 Juin de ladite année, Jean Le Porc en devint le seigneur par son mariage avec Marthe de la Porte, dame de la baronnie de la Porte de Vezins. Il fut stipulé dans le contrat que ses descendants joindraient le nom de Le Porc à celui de la Porte, et qu'ils écarteleraient ses armes : *D'or au Sanglier de sable* avec celles de sa femme : *De gueules au croissant d'hermine.* De ce mariage issut une fille, Louise Le Porc de la Porte, mariée le 15 Janvier 1566 à Jean d'Andigné Ve du nom, morte sans postérité. La baronnie de la Porte-Vezins passa aux descendants de Charlotte Le Porc de la Porte-Vezins sa sœur, laquelle avait épousé noble et puissant Jacques de la Touche, seigneur de la Jarraire. Cette illustre famille de la Porte-Vezins s'éteignit ainsi. — (Fourmont, t. III, p. 82 et 144).

Hardouin de la Porte, *De gueules au croissant d'hermine,* figurent au musée de Versailles. (Fourmont, t. III, p. 82). Elle était morte en 1445, car à cette époque il y eut des débats entre ses héritiers pour sa succession. De son mariage avec Hardouin de la Porte, Jeanne Chaperon eut : Hardouin de la Porte (fils présumé) qui suit ;

> Hardouin de la Porte, seigneur de Vezins, très-vaillant et hardi chevalier, eut de Marguerite de la Jaille, sa femme, Jean et François de la Porte. Jean de la Porte, seigneur de Vezins, de la Jaille et de Pordic, ne laissa de Marie des Rieux, sa femme, qu'une fille mariée à Gilles de Tournemine, seigneur de la Hunaudaye. Celle-ci étant morte sans enfant, François de la Porte son oncle devint baron de Vezins, de la Jaille et du Pordic. Son fils Jean s'unit à Jeanne Thomas d'Orson et leur descendance, tombée en quenouille, s'éteignit avec Charlotte de la Porte-Vezins qui épousa noble puissant Jacques de La Touche, seigneur de la Jarraire (Fourmont, t III, p. 144).

6° ALNETTE CHAPERON, dame de la Bourgonnière [1], épousa vers

---

(1) **La Bourgonnière**, paroisse de *Bouzillé,* appartient à : Raoul de Gaudi, chevalier, 1340. — Hugues Pelaud et Marguerite de Savonnières sa femme, 1370. — **Jean Chaperon II**, époux de Lucette Pelaud, 1384. — **Lucette Pelaud,** 1417. — **Jean Chaperon III**, 1426. — **Auvergnais Chaperon**, 1428. — **Alnette Chaperon**, femme de Jacques du Plessis, 1434. — Jean du Plessis, son fils aîné, 1440. — Jacques du Plessis, frère du précédent, 1443-1473. — Jeanne du Plessis, épouse de Jean d'Acigné, 1560, et en secondes noces, vers 1580 de Georges de Vaudray. — Anne-Louis de Vaudray, marquis de Saint-Phal, vend la terre à Claude Boiléve le 21 Juin 1656, sur qui la même année, Louis de Cossé-Brissac exerça le retrait lignager, comme aux droits de Jeanne d'Acigné, qui avait épousé Charles de Cossé-Brissac. Albert de Cossé-Brissac vend, le 15 Septembre 1670, ses droits à Louis de Grimaudet, dont la famille posséda la terre jusqu'en 1824, qu'elle l'a cédée à M. le comte Raoul de Saint-Pern, propriétaire actuel, dont un des ancêtres, Bertrand de Saint-Pern, capitaine de La Roche-Derrien, qui fut le parrain de Duguesclin, avait jadis habité

1400, dit Duchesne, Jacques du Plessis-le-Mosine)1), paroisse de la Croix-de-Belair, chevalier, seigneur dudit lieu, de Fretis, de Fretin, de Grenade, paroisse de Monsable, relevant de Saint-Florent-le-Viel. Elle possédait dès 1434 la terre de la · Bourgonnière qui, à sa mort, passa en 1440 à ses enfants (Voy. p. 17) avec les autres terres de la famille Chaperon de la Chaperonnière; Bouzillé, la Chaperonnière, la Houdrière, etc., dont elle avait hérité de son neveu, Auvergnais Chaperon. Le 26 Juin 1434, Maurice Guéret, sergent ordinaire du Roi, n'ayant pu se faire ouvrir les portes de la forteresse et du housteil de la Bourgonnière où dame Alnette Chaperon et messire Jacques du Plessis

---

la tour, avec sa femme Jeanne Ruffier. De la seigneurie dépendait une grande partie de la commune de Bouzillé, et de nombreux fiefs dans les paroisses de la Chapelle, du Marillais et de Saint-Florent, dont les titres comprenant plus de 50 volumes, déposés au district par le feudisie le Touzé le 4 pluviôse an II furent immédiatement brûlés. — Le château de la Bourgonnière est un des plus curieux de l'Anjou. Bâti entre deux collines, l'époque de sa fondation est incertaine. Presque détruit pendant les guerres de la Vendée, le bâtiment principal a été reconstruit dans le style moderne; deux édifices qu'on aperçoit à ses côtés ont seuls échappé aux ravages des temps et des hommes; l'un est une tour dont les murs épais, les créneaux, le donjon qui la surmonte, rappelle le génie guerrier de nos pères; l'autre, est une chapelle du plus beau gothique, qui, jadis fortifiée, semble avoir traversé les siècles pour nous redire l'ancienne alliance du glaive et de la croix. Ce dernier monument est surtout remarquable; à l'extérieur, ses tours, ses ogives, ses murs couverts de croix de templiers; au dedans, ses vitraux où se retrouve le même signe de cet ordre célèbre, avec la coquille de pélerin et le cimetiere arabe, lui donnent un aspect tout à la fois religieux et guerrier. Sous la voûte formée de nombreux arceaux, et qui brille d'or et d'azur, les souverains des Louis, de Villehardouin et de Joinville. Une statue, de proportions colossales, attire particulièrement les regards; elle représente un Christ singulier, attaché par des liens à une croix, vêtu d'une longue robe d'or bouclée à la ceinture, sa tête, d'une expression noble et imposante, porte une couronne de comte; aux deux côtés, sur le plein du mur, sont peints Charlemagne et saint Louis. Une multitude d'arabesques, d'un fini précieux, tout sculptés à l'entour. — (Giraud et Saint-Fargeau. — Port. — Actes.)

(1) **Plessis**, ce nom qui en vieux langage signifie maison de plaisance, dit Bodin, a été très-commun en Anjou où plusieurs grandes familles l'ont porté. **Plessis-Macé** (château de Mathieu), **Plessis-Bourré, Plessis-Grammoire,**

son fils étaient enfermés, attacha sur la porte de ladite forteresse une cédulle contenant jugement qui appelait pour le 4ᵐᵉ jour de la prochaine assisie du Roi ces deux personnes' à Chinon [1]. Elle mourut en 1440. Du Plessis : *D'azur à un écusson d'argent, accompagné de huit coquilles de même, en orle* (Andouys, p. 131). Elle avait eu de son mariage, entre autres enfants :

1º Noble et puissant Jean du PLESSIS, écuyer, seigneur dudit lieu, de la Chaperonnière, de la Bourgonnière, de Bouzillé, fait le 11 Septembre 1540 déclaration devant le lieutenant général de la sénéchaussée d'Angers, des fiefs héritaux qu'il tenait en fief ou arrière-fief dans ladite sénéchaussée, et déclara tant pour lui que pour ses puisnés tenir sa terre, fief domaine et seigneurie de la Chaperonnière située en la paroisse de Jallais, tenu à foi et hommage simple du seigneur de Crissé à cause de sa châtellenie de Jallais et du petit Mont-Rouveau. Ladite terre évaluée toute charge déduite à la somme de 600 livres de revenu annuel. Il mourut en 1443. (Dossier du Plessis, série E, carton 2,361.)

2º Jacques du PLESSIS, qui reçut le 26 Juin 1434, l'assignation déjà citée, qui suit ;

3º Françoise du PLESSIS, à qui son aïeule Lucette, légua par testament son chaperon de velours.

Plessis-Clerembault, etc. La famille qui nous occupe avait pour **Plessis** en 1400 le Plessis et Hôtel-le-Mosine. paroisse de la Croix-de-Belair. Après qu'elle eut hérité (1434) des terres de la famille Chaperon par le mariage de Jacques du Plessis avec Alnette Chaperon. elle prit pour Plessis La Bourgonnière qu'elle habita, et devint du **Plessis-Bourgonnière**, nom sous lequel elle est restée connue.

(1) « Je, Maurice Guéret, sergent ordinaire du Roy notre sire, ajourne à jugement » par cette cédulle attachée à la porte de la forteresse et houstell de la Bour-

Messire Jacques du Plessis, chevalier, devenu l'aîné par suite de la mort de son frère en 1443, agissant comme seigneur de la Chaperonnière, de la Bourgonnière et de Bouzillé, donna procuration cette année aux religieux de Saint-Florent-le-Viel, pour administrer ses biens et gouverner ses affaires. Il avait épousé Isabeau de Sainte-Flayne, qui, veuve en 1473, rendit aveu de la Chaperonnière, de la Bourgonnière, de Bouzillé et autres terres provenant de son époux (Archives de Maine-et-Loire, dossier du Plessis. Sa descendance, tombée en quenouille, était représentée en 1575 par Jeanne du Plessis, dame dudit lieu, de la Chaperonnière, de la Bourgsnnière, de Saint-Mesmin et de la Barotière, veuve de Jean d'Acigné, chevalier de l'ordre, capitaine d'une compagnie de cinquante hommes d'armes qui ne lui laissa qu'une fille Judith d'Acigné dont elle fut tutrice. Elle se remaria en 1580 à Anne-Louis de Vaudray, marquis de Saint-Phal, auquel elle apporta ses terres et seigneuries (Betancourt — Port).

IV. Messire JEAN CHAPERON II, écuyer, seigneur de Bouzillé de la Chaperonnière de la Houdrière fut l'un des exécuteurs nommés par le testament de sa mère Lucette Pelaud, le 16 Août 1421. A cause de sa seigneurie de la Houdrière, Yvonnet Simon lui rendit aveu pour son hôtel du

---

» gonnière, dame Alnette Chaperonne et messire Jacques du Plessis, son fils,
» au 4me jour de la prochaine assisie du Roi à Chinon, envers les religieux, abbé
» et couvent de Saint-Florent-les-Saumur. et le procureur du Roy a joint pour
» venir voir et vérifier une exoine, et en outre pour procéder entr'eulx comme
» de raison sera. Et ce fait parce que je n'ay pu trouver ni appréhender lesdits
» exoniez, et que l'on ne m'a voulu faire ouverture de ladite forteresse, où les
» dits sont demourants. Fait, le 26 jour de Juyn. l'an 1434. » (Arch. de M. et L.,
série E, dossier du Plessis, n° 2361.)

Defays le 2 Mars 1426 [1]. Il était mort le 2 Juillet 1428 comme on le voit par l'acte de mariage de sa fille Perrine avec Gauvain de Brisay, acte daté de ce jour. Il avait épousé noble damoiselle Thomasse Malard des seigneurs de Malartville, de la Varende, du Chesnay, de Medavy qui portaient : *D'azur, à la fasce d'or chargée d'un fer de mulet de sable cloué de six pièces d'argent et accosté de deux losanges de gueules.* (Courcelles, t. II, p. 5) [2], et avait eu de son mariage :

1° AUVERGNAIS CHAPERON, qui suit ;

2° PERRINE CHAPERON, reçut un legs de cent livres de son oncle Pierre Chaperon, chevalier, seigneur de Souvigné ; elle fut présente au testament de son aïeule Lucette Pelaud, le 16 Août 1421, au château de Dieuzie ; et épousa le 2 Juillet 1428, par contrat passé à Mirebeau [3] devant J. Boutreau, notaire, Gauvain de Brisay [4], écuyer, sire du Bouchet, fils aîné d'Ai-

---

(1) **Aveu rendu à l'Houdrière par Yvonnet le 2 Mars 1426.**
« De vous, **Messire Jean Chaperon, seigneur de Bouzillé de la** » **Chaperonnière et de l'Houdrière.**
» Je Yvonnet Simon tiens et avoir tenir a cens et en domaines les choses qu » s'en suivent : c'est à savoir 1° mon hôtel de Defays avec les bois et les prés du » dit hôtel, contenant 12 septerées de terre ; 2° en terres labourables 38 septerées ; » 3° en prés, 9 hommées, le tout donnant pour le fief 4¹ 12ᵉ 11ᵈ lesquelles choses je » tiens de mon dit seigneur à 6 deniers de francs debvoir, et sans amendes requé- » rables chacun an au jour Saint-Aulbain. (Arch : d'Angers, Série E, terrier de la » Houdrière R. 654 fol. 49, 50 et 100.) »

(2) **De Courcelles**, Dictionnaire de la noblesse.

(3) **Vidimus.** En la cour de Mirebeau le 19 Septembre 1438, le notaire J. Boutreau certifie avoir vu et lu mot à mot et reconnn être scellé du scel de Mirebeau le contrat dont la teneur suit. Signé : J. Boutreau, notaire.

(4) **Brisay.** Les Brisay remontent à la plus haute antiquité et descendent selon quelques historiens des comtes d'Anjou par Guillaume fils de Geoffroy Iᵉʳ dit *Grise-Gonelle* qui aurait reçu de son père la seigneurie de *Mirebeau*, lieu près duquel était le fief de *Brisay*. (De Chergé, t. I. p. 477).

mery de Brisay, seigneur de Brain et du Bouchet et de Marie Chenin : *De gueules au lion morné* (Bouvier, p. 107) [1], fille de Gauvain Chenin, seigneur de Millefeu et d'Augé, et de Jeanne de Saint-Gelais : *D'azur à la croix alesée d'argent* (Maigne, p. 56). Elle reçut en dot de son frère aîné Auvergnais Chaperon et de sa mère Thomasse Malarde, cinq cents livres tournois. Le contrat fut passé en présence de nobles hommes Pierre Fretard, Jean de Marsay l'aîné, Jean Estoré, Pierre de Ry, Pierre de Sarcé, et Jean Davy, tous écuyers, et Pierre Guérinet, chatelain de Mirebeau. (Arch. de Maine-et-Loire, série E, dossier Brisay). Elle n'eut de son mariage, dit De Chergé, qu'une fille, Sybille de Brisay : *Fascé d'or et d'azur de quatre pièces, au canton semestre sur la fasce du chef, une clef de gueules.* (Le Bouvier, p. 130, n° 865) ; *aliàs,* moderne : *Fascé d'argent et de gueules de huit pièces.* (De Chergé, t. ı, p. 477).

V. AUVERGNAIS **CHAPERON**, écuyer, fils aîné et héritier principal, fut après son père seigneur de la Chaperonnière, de Bouzillé et de la Houdrière. Agissant avec sa mère Thomasse Malarde, le 2 Juillet 1428 à Mirebeau, il donna en dot à sa sœur Perrine cinq cents livres tournois. Il était mort en 1440, car, le 14 Septembre de cette année, Jean du Plessis, seigneur de la Bourgonnière, était en possession de tous ses biens par la mort d'Alnette Chaperon sa mère, qui en avait hérité. Auvergnais Chaperon fut le dernier mâle des Chaperon de la Chaperonnière

Le paragraphe qui précède établit des divergences importantes avec la partie de généalogie donnée par Duchesne, mais il est rédigé sur des actes authentiques qui permettent de

(1) **Gilles Le Bouvier.** dit Berry, 1" roi d'armes de Charles VII. **Armorial de 1450,** *publié en 1866 par Vallet de Viriville.*

constater plusieurs erreurs évidentes. Duchesne donne Auvergnais Chaperon et son frère Jean comme fils de Pierre Chaperon et petits-fils de Jean I Chaperon de la Chaperonnière, branche aînée. Ils étaient fils de Geoffroy Chaperon et petits-fils de Jean Chaperon I de la Chabociére, branche cadette. Il annonce lui-même la mort de Pierre Chaperon, avant ses père et mère, et il le fait, malgré cela, continuer la filiation, le donnant pour père audit Auvergnais Chaperon et son frère Jean, qui étaient les fils de Geoffroy Chaperon ; il lui donne pour femme la fille de Jean d'Avoir et il avait pour femme Jeanne d'Averton. Il donne comme exécuteur testamentaire de Lucette Pelaud ledit Jean Chaperon, frère d'Auvergnais, le donne comme son petit-fils, ce qui est inexact, et en 1429, le fait mineur et au bail d'Hardouin de la Porte, à cause de Jeanne Chaperon. Il n'est pas même nommé **dans** le testament. Duchesne a ignoré l'existence de Jean II Chaperon de la Chaperonnière, fils de Lucette, nommé deux fois dans le testament de sa mère, qui fut son exécuteur testamentaire et qui a continué la filiation laissant deux enfants. Duchesne a répété ces erreurs dans les quartiers d'alliance de Claude de Monléon. Il fait descendre Sybille Chaperon, mère deladite Claude, de Pierre, fils de Jean I Châperon de la Chaperonnière, branche aînée, et elle descendait au même degré de Geoffroy, fils de Jean I Chaperon de la Chabocière, branche cadette ; il fait ainsi les deux premiers degrés absolument inexacts. D'autres erreurs secondaires paraissent inutiles à signaler ; mais publiant des documents officiels qui sont en complet désaccord avec ceux de ce savant généalogiste, nous avons dû donner ces explications.

§ II

❧

BRETAGNE ET ANJOU

III. Rolland CHAPERON, chevalier, seigneur de Savenières, paroisse d'Anetz, près d'Ancenis, en Bretagne, fils ou petit-fils présumé de N... Chaperon de la Chaperonnière formant le degré II § I fut nommé, le 16 Août 1421, exécuteur testamentaire de Lucette Pelaud, veuve alors de Jean Chaperon I de la Chaperonnière. Dans l'acte de 1429, rédigé en présence de Guillaume de la Vernière et de Jean Floric, écuyers, il est dit qu'il avait autrefois donné à Jean de Savonnières, seigneur de la Bretesche,, 50 écus d'or sur les meubles de feu messire Jean Chaperon, chevalier, rapporté à la page 21. Il figure parmi les nobles exempts de l'impôt du *fouage* dans l'enquête de la paroisse d'Anetz, évêché de Nantes, l'an 1437. (Voy. p. 16). On ne connaît pas ses alliances. Il fut père de :

1° François CHAPERON, qui suivra :

2° Pierre CHAPERON, écuyer, seigneur de Lorillonnière, hébergement au bourg de Saint-Jean de Monfaucon, possédait ledit fief dès 1445 (Betancourt) [1]. Il mourut en 1505, le laissant à sa nièce Jeanne Chaperon, dame de Vigneau et du Plessis-Clerembault, alors veuve de Gilles II de Clerembault. C'est dans cette même année de 1505 que mourut Jean II Chaperon

---

(1) **Betancourt**. *Noms féodaux.*

seigneur de Mazangeau et de Bernay, laissant son fief de la Roche à son fils Louis Chaperon, seigneur 'de la Roche, paroisse de Sommières.

3° HESSERINE CHAPERON, fille présumée, épousa, vers 1473, Louis Chabot II du nom, seigneur de la Grève et 'de Moncontour, dont, suivant quelques auteurs, elle n'eut pas d'enfants. Il fut à la conquête de Guyenne, en 1453. Le roi Louis XI le nomma son conseiller et chambellan, par lettres du 6 Avril 1464. Il assista trois ans après aux Etats tenus à Tours, commanda le ban et l'arrière-ban de la noblesse du Poitou en 1472-1475, et mourut en 1486. Il avait épousé en premières noces, le 3 Juin 1444, Jeanne de Courcillon, fille de Guillaume de Courcillon, seigneur de Molléan et de Tillay, bailli et capitaine de Chartres, et de Thomine de l'Espine, laquelle mourut le 26 Août 1472. Il en avait eu : 1° René Chabot, seigneur de la Grève, mort en Juillet 1469, que Jeanne Chabot, dame de Monsereau, sa tante, se porta comme héritière ; 2° Marie Chabot, nommée dans le testament de son père, sans alliance ; 3° Madeleine Chabot, mariée le 4 Janvier 1469 à Navarot d'Anglade, chevalier, capitaine de Mauléon, dont elle n'eut pas d'enfants. Ses biens passèrent dans la maison de Chatillon. Cette grande et puissante famille, l'une des plus considérables de France, en possession, dit *Le Laboureur,* dès l'an 1000 des premiers honneurs dans le comté de Poitou, est filiativement connue depuis Guillaume , qui fut témoin en 1040, avec Henri I, roi de France. Elle était alliée à la maison de France, par le mariage d'une fille de Chabot, qui fut dame Eustache, femme de Geoffroy de Lusignan, comte de Japhe. Sebran Chabot fut à la deuxième croisade, en 1147, et ses armes : *D'or à trois chabots de gueules* (Gouget, p. 166), figurent au musée de Versailles, à la salle des Croisés (Anselme, — Fourmont). Celles de Lusignan figurent aussi au musée de ·

3

Versailles et représentent celles de Guy de Lusignan, roi de Chypre en 1192 : *Ecartelé aux 1 et 4 : d'azur à la croix d'argent, aux 2 et 3 : burelé d'argent et d'azur, à un lion de gueules, armé, couronné et lampassé d'or, brochant sur le tout* (Parois, p. 303) [1].

IV. Noble écuyer François CHAPERON, est ainsi qualifié dans une note manuscrite attribuée à d'Hozier, que l'on trouve sur les marges de l'exemplaire de Trincant, qui est à la bibliothèque nationale; la note le range parmi les enfants de Lucette Pelaud; c'est une erreur. Il hérita, de son père Rolland, de la seigneurie de Savenières, qu'il possédait encore en 1475, (Voy. p. 16). Il avait épousé, en 1465, Anne de Chevigné : *De sable, à quatre fusées d'or accompagnées de six besants de même, 3, 3* (Courcy, t. I, p. 194), fille de Gilles, seigneur de Lessard et d'Isabeau le Vayer : *Losangé d'or et de gueules* (Courcy, t. I, p. 47). Il n'en eut qu'une fille unique, Jeanne Chaperon, avec laquelle sa branche s'éteignit. (Voy. p. 17). Noble et puissante damoiselle Jeanne Chaperon, dame de la Savenières, épousa par contrat du 14 Août 1496, Gilles de Clerembault : *Burelé d'argent et de sable de dix pièces.* (Anselme, t. VII, p. 581), II du nom, chevalier, vicomte de Montrevau, seigneur du Plessis Clerembault, paroisse de *Saint-Remy-en-Mauge*, et fils d'Antoine et de Catherine du Plantys : *D'or fretté de sable* (Courcy, t. II, p. 267), vicomtesse de Montrevau; ledit Antoine plaidait, en 1493, contre François Chabot et en 1498, au nom de ses enfants, contre Jacques et Robert Chabot, ses deux beaux frères. Elle était veuve en

---

(1) **Potet du Parois**, Code héraldique.

1505, lorsqu'elle hérita de son oncle Pierre Chaperon, écuyer seigneur de Lorillonnière, et se qualifiant de dame de Vigneau, elle constitua pour son procureur, Jean Buttoneau, écuyer seigneur de la Gannerière, à l'effet d'avouer son fief de Lorillonnière (Betancourt). Dans un acte passé le 27 janvier 1511 devant de la Tourneray, notaire à Ancenis, elle est qualifiée de Noble et puissante damoiselle Jeanne Chaperon, dame du Plessis-Clerembault, et vicomtesse du grand Mirebeau, et fait accord avec Jean Moulnier, et Michel Fournier, seigneur de la Rochepallière, au sujet d'une maison sise à Ancenis, vendue par Jean Moulnier et sa femme Jeanne Coppin (A). Elle avait fondé avec son époux dans l'église de Saint-Remy-en-Mauge, quatre prébendes ou chapelles qui furent augmentées par Claude d'Avaugour. Un arrêt du parlement de Paris, du 18 Décembre 1511, la débouta de ses prétentions au droit de prééminence en l'église du Grand-Montrevau. (Andouys, dossier Clerembault). C'est à cause du mariage de sa petite-fille Jacqueline Clerembault avec Pierre de Laval, seigneur de Lezay, que Duchesne classe la famille Clerembault dans son tableau des alliances de la maison de Montmorency [1]. Elle fut trisaïeule de Philippe de Clerembault [2], comte de Palluau, maréchal de France, chevalier des Ordres du Roi, qui a motivé l'article consacré par

---

(1) **Duchesne.** *Histoire de la maison de Montmorency,* p, 105.

(2) **Philippe de Clerembault,** comte de Palluau, maréchal de France, chevalier des Ordres du Roi, était fils de Jacques Clerembault et de Louise Rigaud de Millepied — ledit Jacques était fils de Hardy Clerembault et d'Antoinette Le Bœuf — ledit Hardy était fils de Jacques Clerembault, *le jeune,* et de Jeanne de la Roche — et ledit Jacques était fils de Gilles Clerembault II et de Jeanne Chaperon, dame de Savenières.

Anselme à la famille Clerembault. Elle mourut en 1538, et le 6 Décembre de cette année, son fils aîné fit les partages. On trouve au musée de Versailles Clerembault, seigneur de Noyers, aux croisades en 1198 ; mais il portait : *D'azur à l'aigle d'or* (Parois., p. 316). De son mariage avec Gilles Clerembault, Jeanne Chaperon eut :

I. JACQUES CLEREMBAULT l'*aîné,* vicomte du grand Montrevau, fit partage à son frère le 6 Décembre 1538. Il épousa, par contrat du 16 Mars 1540, Claude d'Avaugour, ramage de Penthièvre, dame de la Roche-Mabille : *D'argent au chef de gueules* (Fourmont, t. II, p. 5), fille de Guy d'Avaugour, seigneur de la Roche-Mabille et de Guyonne de Villeprouvée, dame de Treves, laquelle survécut à son mari et avait la garde de ses enfants en 1560. Il en eut :

1° RENÉ CLEREMBAULT, vicomte du grand Montrevau, mort sans enfants de Françoise de Bueil ; *D'azur au croissant d'argent* (Courcy, t. I. p. 144), fille de N... de Bueil, seigneur des Fontaines.

2° JACQUELINE CLEREMBAULT, vicomtesse du grand Montrevau, baronne de Treves, dame de la Roche-Mabille, de la Plesse, etc., qui fut mariée à Pierre de Laval, seigneur de Lezay (voyez Laval, p. 26), fils de Guy de Laval, seigneur de Lezay, et de Claude de la Jaille de la Roche-Talbot : *D'argent à la bande fuselée de gueules, à la bordure de sable chargée de huit besants d'or* (Courcy, t. I, p. 84), desquels issut Claude de Laval, mariée à N... de Gilliers, seigneur de Puigareau, à qui fut donnée la terre de Saint-Remy-en-Mauge *(Andouys).* C'est par suite de ce mariage que Duchesne fait figurer la famille Clerembault dans le tableau qu'il donne des alliances de la maison de Montmorency.

3° Louise CLEREMBAULT, dame de la Touche-Gelée et de La Membrolle, épousa Louis, vicomte de Rochechouart : *Fascé nébulé de gueules et d'argent de six pièces* (Courcy, t. II, p. 345), fils de Claude, vicomte de Rochechouart et d'Isabelle de Tournon. *De gueules fretté d'or de six pièces* (Anselme, t. IX, p. 173). Les armes de Rochechouart figurent au musée de Versailles et représentent celles de Aimery IV, vicomte de Rochechouart, aux croisades en 1096 (Parois, p. 309).

4° Jeanne et Claude Clerembault, religieuses.

II. Jacques CLEREMBAULT, dit le *jeune*, seigneur de la Courdouère, de Chantebuzain et de la Salle, qui a continué la filiation, plaida contre son frère pour son partage en 1538 ; il épousa, par contrat du 14 Décembre 1531, Jeanne de la Roche : *De gueules à trois rois d'échiquier d'or* (Courcy, t. II, p. 343), fille de François, seigneur de la Roche, et de Jacquette du Puy-du-Fou : *De gueules à trois macles d'argent.* (Courcy, t. II, p. 304). Il en eut :

1° Hardy CLEREMBAULT, qui a continué la filiation ;

2° René CLEREMBAULT, seigneur de la Grolle et de la Gourdouère, transigea avec Jacques, le 17 Novembre 1597, et ne laissa que des filles de sa femme N... de Montausier : *D'argent à la fasce de gueules* (Anselme, t. v, p. 14) ;

3 et 4. Louis et François Clerembault, religieux ;

5 et 6. Jacquette et Guyonne Clerembault, mortes sans enfants ;

7, 8 et 9. Louise, Jeanne et Jacquette Clerembault, religieuses.

3° J<small>ACQUELINE</small> CLEREMBAULT, mariée, par contrat du 18 Février 1511, à Laurent de Vieuxpont, baron de Neubourg *(D'argent à dix annelets de gueules, 3, 3, 3 et 1.* (Courcy, t. II, p. 484), fils aîné de Jean de Vieuxpont, baron de Neubourg et de Françoise de Roncherolles : *D'argent à deux fasces de gueules* (Lachesnais, t. XII, p. 288) [1] : Les armes de Vieuxpont sont au musée de Versailles et représentent celles de Robert de Vieuxpont qui fut à la première croisade en 1109 (Parois, p. 310).

4° J<small>ACQUETTE</small> CLEREMBAULT, religieuse de Ronceray, à Angers, le 6 Décembre 1538.

H<small>ARDY</small> CLEREMBAULT, seigneur de Chantebuzain et de la Salle, qui a continué la filiation, épousa, par contrat passé à Nantes, le 22 Janvier 1576, Antoinette Le Bœuf : *D'or au bœuf de gueules* (Maigne, p. 142), fille de Gilles Le Bœuf, seigneur de la Badaudière et de Jeanne Chevreux. Il était petit-fils de Jeanne Chaperon, et il fut l'aïeul de Philippe Clerembault, comte de Palluau, maréchal de France, marié par contrat du 27 Juin 1654 à Marie-Louise Bouthillier : *D'azur à trois fusées d'or posées en fasces* (Lachesnaie, t. III. p. 78), fille aînée de Léon Bouthillier, comte de Chavigny, secrétaire d'Etat, grand trésorier des ordres du Roi, et d'Anne Phelippeaux-Villefavin : *Ecartelé, aux 1 et 4 : d'azur semé de quarte-feuilles d'or, au franc quartier d'hermine ; aux 2 et 3 : d'argent à trois lézards de sinople* (Maigne, p. 88), qui a continué la filiation des Clerembault, et a motivé l'article consacré par Anselme à la famille Clerembault. (Anselme, t. VII, article Clerembault).

---

(1) **Lachenals des Bois**, *Dictionnaire de la noblesse.*

§ III

Seigneurs de la Chabocière, de la Lande-Chaperon, de Ferrière,
de la Petrandière, de Mazangeau, de Bernay, de Montfaucon,
de la Roche, de la Fauchardière, de Couhe-de-Vache, etc.

ANJOU, POITOU ET AUNIS

II. Philippe CHAPERON, *valet* [1], puisné de sa maison,
fils de N... Chaperon, seigneur de la Chaperonnière rapporté
au degré I, § I, fut l'auteur de la branche cadette qui, seule,
a continué la filiation et dont les seigneuries principales furent
pendant plusieurs générations la *Chabocière* et la *Lande-
Chaperon*, toutes deux voisines de la Chaperonnière et sises en
la paroisse du *Pin-en-Mauge*. Il fut le neuvième aïeul de
Gaspard Chaperon, chevalier de Malte (voy. p. 20). Etant
cadet et pouvant marier sa fille en 1354, on doit conclure que
son père vivait en 1300. On ne connait pas ses alliances.
Il laissa :

1º Jean CHAPERON DE LA CHABOCIÈRE, qui suit ;

2º Jeanne CHAPERON, qui, par contrat passé au château de
Dieuzie, le mercredi après la fête de la Décollation de Saint-
Jean-Baptiste [2], fut mariée à Baudoin de Savonnières : *De
gueules à la croix pattée d'or* (Trincant, p. 11), seigneur de

---

(1) **Valet.** Le *Valet* ou *Varlet* faisait partie de la hiérarchie chevaleresque.
On lit dans un acte de *Philippe-le-Bel*, daté de 1297 : « Notre amé et fidèle *Valet*
Aimery de Poitiers, damoiseau. » C'est à partir du xv⁰ siècle que le mot *Valet* est
devenu synonyme de *Laquais*. (Cheruel, t. ii, p. 1245.)

(2) **Décollation de Saint-Jean-Baptiste.** Cette fête se célèbre le 29 Août,

Brehery. Son père lui donne en dot : « vingt-quatre sextiers de
» seigle et un de froment, cent-vingt livres d'argent comptant et
» vingt livres de rente annuelle, et promet en outre de nourrir
» pendant deux ans en sa maison, son gendre, sa fille, leurs
» enfants, nourrice, valets et chevaux, avec cette clause : que
» si aucune dissension ou débat s'élevait entre eux pour ce,
» lesdits Baudoin et sa femme seront tenus par la foi de leur
» corps, d'en tenir haut et bas ce que monsieur [1] Geoffroy
» de La Tour et monsieur Macé [2] de Clérembault en
» sentencieraient sans ressort. » Baudoin de Savonnières
était fils de Jean de Savonnières, Ier du nom, seigneur de
la Bretesche et de Brehery, et de Jeanne de Beaupreau, fille
unique du premier mariage de Josselin de Beaupreau : *Écartelé
aux 1 et 4 : d'or à la bande d'azur ; aux 2 et 3 : d'azur à la
bande d'or* (Port., t. I, p. 265), seigneur dudit lieu, contrat
passé le lundi après la Saint-Nicolas, l'an 1302. Il avait été
partagé par son frère aîné Jean Ier de Savonnières, seigneur
de la Bretesche, mari d'Eustache Amenard : *Coticé d'argent
et d'azur de 10 pièces* (Trincant, p. 173), par contrat passé
sous la cour de Chantoceaux, le mardi après la Sainte-Luce,
l'an 1343, de la seigneurie de Brehery, avec trois cents livres
une fois payés pour toute succession de ses père et mère, à la
charge de tenir dudit Jean de Savonnières et de ses hoirs à
douze deniers de francs rendus à Lorillonnière ; son autre frère
Jean de Savonnières *le jeune* eut Lorillonnière, et après sa
mort, Baudoin fit arrangement avec sa veuve, dame de Loril-

---

(1) Trincant fait observer que la qualité de *Monsieur* ne se donnait à cette
époque qu'à de très-grands personnages. Et en effet, dans une charte du 19 Avril
1317, Guillaume le Maire, évêque d'Angers, prêtant serment de fidélité à
Philippe V, *le long*, devant Amaury, sire de Craon, sénéchal d'Anjou, le roi de
France n'est appelé que *Monsieur Philippe*. (Ménage. *Histoire de Sablé*, p. 146.)

(2) Macé et Mathieu sont le même nom, dit Ménage dans son *Histoire de
Sablé* p. 315.

lonnière. De son mariage avec Baudoin de Savonnières, Jeanne Chaperon eut :

1° JEAN DE SAVONNIÈRES, duquel est fait mention par de vieilles procédures d'un procès intenté par le curé de Chantoceaux contre Jean du Bois, valet, pour les dixmes de Brehery, où il est rappelé que ce Jean de Savonnières était fils et principal héritier de Baudoin. **Mais on ne trouve pas qu'il ait été marié, comme il y a apparence qu'il ne le fut point, ou au moins qu'il n'eut pas d'enfants.**

2° CATHERINE DE SAVONNIÈRES, mariée à Jean du Bois, valet, dont issut Jean du Bois, valet, contre lequel le curé de Chantoceaux intenta le procès dont il est fait mention ci-dessus [1] (**Trincant.**)

III. JEAN CHAPERON I DE LA CHABOCIÈRE, seigneur de la Chabocière [2] et de la Lande-Chaperon [3], fut le hui-

(1) **Savonnières**, aujourd'hui Savenière, est un bourg sur la rive droite de la Loire vis-à-vis l'île de Behuart, non loin de la ville d'Angers, entre les châteaux de Serrant et de la Possonnière, vis-à-vis celui de Rochefort. C'était autrefois une terre considérable appartenant à la famille de ce nom, l'une des plus anciennes de l'Anjou. Elle remonte à Baudoin de Savonnières qui avait en 1116 ; mais on tient communément dans le pays; dit Trincant, que la *mère de Saint-René*, huitième évêque d'Angers, qui florissait à la fin du IV° siècle en était, et qu'elle fut mariée à un seigneur de la Possonnière duquel ce saint personnage était fils. Que la chose soit ou non, ce qui est certain, dit Bodin, c'est que l'église de Savonnières est la plus ancienne de l'Anjou et peut-être de la France. Les Savonnières de la Bretesche ont donné cinq chevaliers de Malte, diocèse de Nantes. On en trouve les quartiers dans le manuscrit de la bibliothèque de l'Arsenal, aux pages : 182 — 413 — 415 — 563 — 743. Le dernier fut : Laurent Bonaventure de Savonnières de la Bretesche, qui fut reçu le 15 Mars 1665.

(2) **Chabocière**, paroisse du *Pin-en-Mauge*, appartient à : **Jean Chaperon de la Chabocière**, seigneur de la Lande-Chaperon, 1363 — **Geoffroy Chaperon**, avant 1422 — **Auvergnais Chaperon**, 1422-1454. (A.)

(3) **Lande-Chaperon**, paroisse du *Pin-en-Mauge*, appartient à : Jean Chaperon de la Chabocière, 1363 — Geoffroy Chaperon, avant 1422 — Auvergnais Chaperon,

tième aïeul de Gaspard Chaperon, chevalier de Malte, reçu en
1629 (Voy. p. 20). « Le dimanche, jour de Pâques Flories l'an
» 1363, devant Robert de la Motte, notaire à la cour d'Angers.
» Jean Guybert et Agnès, sa femme, lui vendent deux sextiers de
» seigle d'annuelle rente, à la mesure de Mauge, assis sur l'heber-
» gement de la Lande-Chaperon, et sur les appartenances
» d'icelui, sis en la paroisse du dit Pin, joignant à la terre
» de la Chabocière pour le prix de dix royaux d'or. » (A.) Il
était mort avant 1422, car avant cette époque son fils Geoffroy
possédait ses terres de la Chabocière et de la Lande-Chaperon. Ces terres étaient voisines de la Chaperonnière,
paroisse de Jallais, toutes trois près de Beaupreau. Le Bourg-
du-Pin [1] est situé à environ 12 kil. dans le Nord du château
de la Chaperonnière. Jean Chaperon laissa un fils :

GEOFFROY CHAPERON, qui suit ;

IV. GEOFFROY CHAPERON, seigneur de la Chabocière, de la
Lande-Chaperon et de Ferrière, fut le septième aïeul de Gaspard
Chaperon, chevalier de Malte. (Voy. p. 20.) Il eut pour femme

---

1422-1454 — Bertrand Chaperon, 1454 — Pierre Chaperon, 1499 — Son frère
François Chaperon, seigneur de Mescrin, arrière-petit-fils de Geoffroy Chaperon
de la Chabocière, 1501 — Jacquette Chaperon, dame de Mescrin, 1557. (A.—Thorode.)

(1) **Pin-en-Mauge.** L'idolâtrie et une partie des superstitions des Druides se
sont longtemps conservées dans les Mauges ; on y trouve encore des vestiges du
culte des arbres et des fontaines, et il est probable que le bourg du Pin (en
Mauges) doit son origine à un pin sacré. Sulpice-Sévère nous apprend qu'un
prêtre du temple que Saint-Martin avait fait démolir à la faveur de la nuit s'op-
posa hautement, avec tous les paysans du voisinage, à ce qu'il abattit un pin qui
était auprès, parce que cet arbre remplaçait à leur égard la perte du temple et
de la divinité que le Saint avait renversée. Saint Maurille disciple de Saint-
Martin, à l'exemple de son maître, aurait détruit le pin sacré de Mauge ; le lieu
en aura conservé le nom, et on l'aura sanctifié en bâtissant une église. (**Bodin**,
t. II, p. 312.)

Macée. Le mardi après Noël, l'an 1400, devant Le Brun, notaire à Angers, Jean Grusse fait accord avec eux pour le domaine de Ferrière [1], en la paroissse du Pin-en-Mauge, dont ils s'étaient ensaisinez. Ce fut fait et donné, présents à ce : Pierre Chaperon, *Jean* et *Philippe les Chaperon*. Ces derniers pouvaient être Jean chaperon de la Chabocière, le père de Geoffroy, et Philippe Chaperon son grand-père. Par devant Pierre Bidet, notaire en la cour d'Angers, le 5 Mai 1422, ils donnent à héritage à Auvergnais Chaperon, écuyer, seigneur de la Lande-Chaperon, savoir : 1° le domaine de la *Ferrière*, assis en la paroisse du Pin-en-Mauge ; 2° La *Pétrandière* et la *Chabocière*, assis en ladite paroisse. 3° Le bordage de la *Baterie*, assis en la paroisse de Saint-Quentin-en-Mauge ; 4° La gagnerie de la *Chastégneraye*, assise en la paroisse de Chauderon. Ledit abandon fait audit Auvergnais, en sa qualité *d'héritier principal des deux donateurs* [2], et comme avancement de droit successif (A). Macée, la mère d'Auvergnais, était, d'après Duchesne, la fille de Jean d'Avoir [3], famille éteinte avec Pierre d'Avoir, seigneur

---

(1) **Ferrière**, paroisse du Pin-en-Mauge appartient à : **Geoffroi Chaperon**, 1400. — **Auvergnais Chaperon**, 1422. — **Bertrand Chaperon**, 1457-98. — **François Chaperon**, seigneure de la Lande-Chaperon et de Mescrin, arrière petit-fils de Geoffroy Chaperon de la Chabocière, 1506 (A).

(2) **Auvergnais Chaperon**. C'est ce même Auvergnais, fils aîné de Geoffroy Chaperon de la Chabocière et de Macée, que Duchesne donne comme le cinquième fils de Pierre Chaperon de la Chaperonnière, auquel il donne pour femme N... d'Avoir, tandis qu'il avait pour femme Jeanne d'Averton. (Voy. p. 27 et 35.)

(3) **Isabeau d'Avoir**, abbesse de Fontrevraud, mourut le 12 Juin 1284, après avoir gouverné l'ordre pendant 8 ans. Elle avait fait don à son église d'une parcelle de la Vraie-Croix. Elle succédait à *Jeanne de Dreux*, et fut remplacée par *Marguerite de Pocé*. C'est dans la tour de cette célèbre abbaye, qui fut si souvent

de Château-Fromont, paroisse de Saint-Herblon près Ancenis, et de la Turmelière, paroisse de Liré, en Anjou, sénéchal des provinces d'Anjou et du Maine. Il fut enterré à Saint-Maurine, dans la chapelle des évêques, auprès de Hardouin de Bueil son oncle. Parmi les seigneuries qu'il avait en Anjou était Erigné. Ses armes s'y voient encore à la clef de la voute de la chapelle du transept gauche de l'église. La terre d'Avoir, paroisse de Longué, et tous ses autres biens passèrent aux enfants d'Anne d'Avoir, femme de Jean de Bueil, dont la maison écartela son blazon des armes d'Avoir : *De gueules à la croix ancrée d'or* (Port. t. ɪ; p. 172). De son mariage avec Macée d'Avoir, Geoffroy Chaperon laissa :

1° AUVERGNAIS CHAPERON, tige des Chaperon de Terrefort, dont la généalogie sera rapportée au § IV.

2° JEAN CHAPERON, seigneur de Mazangeau, qui suivra;

3° CHARLES CHAPERON, chevalier de Saint-Jean de Jérusalem. Il fut au nombre des chevaliers qui défendirent Rhodes en 1480. Comme le remarque Bozio en l'*Histoire de Malte*. Le tableau de ses huit quartiers se trouve en la page 18 du manuscrit de la bibliothèque de l'Arsenal. Qualifié frère d'Auvergnais, lequel est déclaré sixième aïeul de Gaspard Chaperon, chevalier, dans les preuves de Malte de 1629, ses huit quartiers font remonter la noblesse prouvée de cette famille jusqu'à l'an 1300 [1]. Il

habitée par des rois et des reines d'Angleterre, que se trouvent les tombeaux et les statues d'Henri II et de Richard Cœur-de-Lion. La cathédrale de Rouen conserve dans un tombeau le cœur de Richard. (Rodin — Port.)

(1) **Charles Chaperon**, chevalier de Saint-Jean de Jérusalem, était fils de Geoffroy Chaperon de la Chabocière, seigneur de la Lande-Chaperon, et de Macée d'Avoir. Ledit Geoffroy était fils de Jean Chaperon de la Chabocière, seigneur de la Lande-Chaperon — ledit Jean était fils de Philippe Chaperon, valet, auteur de

est inscrit dans *l'Armorial de Bretagne* de Courcy, au
nombre des chevaliers de Saint-Jean de Jérusalem, *originaires*
de Bretagne, (t. III, p. 117). L'histoire a consacré le souvenir
de la valeureuse défense que les chevaliers opposèrent, sous
les ordres du grand-maître Pierre d'Aubusson, aux Osmanlis,
commandés par Mahomet II, qui vint assiéger la ville de
Rhodes, à la tête d'une nombreuse armée.

4° JEAN CHAPERON, prieur de Rye, de l'ordre de Saint-Benoît,
qui fut élu abbé de Charroux [1] le 8 Décembre 1444, et
vivait encore en 1458.

5° GEOFFROY CHAPERON, qui fut abbé de Moreau en 1557.

V. JEAN CHAPERON II, écuyer des écuries de la comtesse
du Maine, seigneur de Mazangeau, de Bernay et de la Roche,
épousa le 21 Juillet 1444, par contrat passé en la cour de
Saint-Mexent devant Le Pottier, notaire, Jeanne de Varennes,
D'or à la croix de sable (Maude, p. 362)[2], dame de la Fauchardière en Anjou, fille de Jean de Varennes, écuyer, seigneur
dudit lieu en Anjou, et de Catherine Faucharde : *D'azur à une*

---

la branche cadette qui, le mercredi après la fête de la Décollation de Saint-Jean-
Baptiste, l'an 1351, par contrat passé au château de Dyeusie, maria sa fille Jeanne
à Baudoin de Savonnières, seigneur de Brehery — et ledit Philippe était le fils
cadet de N... Chaperon, seigneur de la Chaperonnière qui vivait en 1300, et fut
le dixième aïeul de Gaspard Chaperon reçu chevalier de Malte le 24 Avril 1629.
(A. — Trincant. — Actes.)

(1) **Charroux**, à 10 kilom. à l'est de *Civray*, en Poitou. L'église de ce mo-
nastère a été bâtie vers la fin du VIIIᵉ siècle, elle était alors une des plus belles
du royaume. Au-dessus de l'autel, placé au milieu de trois rangs de piliers,
s'élevait en forme de tiare, un dôme d'une hauteur prodigieuse. Cet édifice fut
entièrement détruit pendant les guerres de religion, et n'offre plus aujourd'hui
que des ruines dont l'aspect imposant rappelle la splendeur dont il jouissait
autrefois, et qui ont été classées récemment au nombre des monuments historiques. (**Malte-Brun.**)

(2) **De Maude.** Armorial de l'ancien diocèse du Mans.

faux d'argent surmontée de deux étoiles d'or (Ar. 1696 —
Paris, t. i, p. 531), et sœur de Catherine de Varennes,
femme de Jean de la Porte, seigneur de Vezins, qui devait
être le fils de Hardouin de la Porte, chevalier, seigneur de
Vezins, et de Jeanne Chaperon de la Chaperonnière, et le père
de Hardouin de la Porte, chevalier, seigneur de Vezins, qui,
marié à Catherine de la Jaille, a continué la filiation, et dont
nous avons donné la descendance à la page 29. Jean Chaperon promit de bailler dans un an, entre les mains de Jean
Colin demeurant à Angers, la somme de mille écus d'or, pour
être convertis en acquets qui serait le domaine de ladite
Jeanne de Varennes sa vie durant, et à défaut de ce, il donna
pleige : Nobles personnes, messire Auvergnais Chaperon, chevalier, *son frère aîné* [1] et Jean de Croullon, écuyer, et le 29
Mai 1454, par devant Lucas, notaire à Châtellerault, Jean
Chaperon et sa femme, Jeanne de Varennes, déclarent quittes
de leur pleige les héritiers de feu messire Auvergnais Chaperon ainsi que Jean de Croullon (A.) Il était en minorité, dit
Duchesne, quand il perdit ses père et mère, et demeura sous
la tutelle ou bail de Hardouin de la Porte, chevalier, et de
Jeanne Chaperon sa compagne à cause d'elle. Ils furent en
cette qualité sommés le 25 Mars 1429 par Jean de Savonnières
IV, chevalier, seigneur de la Bretesche[2] et Jamet Floric

---

(1) **Jean Chaperon.** C'est ce même Jean Chaperon, frère puisné d'Auvergnais,
que Duchesne donne comme fils *aîné* de Pierre Chaperon de la Chaperonnière ;
qu'il fait exécuteur testamentaire de Lucette Pelaud, c'est-à-dire *majeur*, en
1421, et qu'il fait ensuite *mineur* en 1429 et au bail de Jeanne Chaperon de la
Chaperonnière et de Hardouin de la Porte, son mari à cause d'elle. (Voy. p. 35.)

(2) « **Jean de Savonnières IV**, seigneur de la Bretesche et de Brehery. Il paraît
» par les titres de cette maison, que cettuy fut homme de grande intelligence

exécuteurs du testament de feu Jean Chaperon, chevalier, grand oncle des mineurs, de faire l'ouverture des coffres d'icelui, où était sa vaisselle d'or et d'argent. Les coffres ouverts par autorité de justice, on y trouva quantité de vaisselle d'argent marquée aux armes des Chaperon et de Laval, à qui la maison Chaperon était alliée. Jean Chaperon II acheta dès avant 1465 la terre et seigneurie de Bernay[1], paroisse de Château-Garnier, et en 1472 le fief de la Roche, paroisse de Sommières. Il possédait dès 1445, la seigneurie de Mazangeau avec maison et courtil en la ville de Chantoceaux et la tenait encore en 1478. *(Betancourt)*. Florent de Varennes, amiral de France, croisé en 1270 dont les armes sont au musée de Versailles, portait : *De gueules à la croix d'or* (Parois, p. 322.) Les armes des de Varennes d'Anjou ont les mêmes pièces principales, le changement d'émaux indique sans doute une brisure. Du mariage de Jean Chaperon et de Jeanne de Varennes issurent :

» pour les affaires, et fort recherché par ceux de sa condition. Pour ce sujet, *Jean*
» *Chaperon, chevalier*, homme riche et puissant qui mourut sans enfants, le
» choisit pour exécuteur de son testament avec Jamet Floric, prévoyant qu'il y
» aurait du trouble entre ses héritiers après sa mort advenue l'an 1429, et mes-
» mement sur l'exécution de son testament; et de faict, comme ses exécuteurs
» voulurent faire inventaire de ses meubles, ils en furent empêchés par aucun
» des héritiers contre lesquels Jean de Savonnières particuliérement, plaida
» deux ans entiers, après lesquels il obtint arrest par lequel l'inventaire fut
» ordonné: en exécution duquel fut trouvé **plus de six-vingt marcs d'argent**
» **en vaisselle marquée des armes de Laval et de Chaperon.** »
(Trincant, p. 67.)

(1) **Bernay**, paroisse de *Château-Garnier*. Cette seigneurie a été conservée pendant quatre générations dans la famille Chaperon, jusqu'à ce que par le mariage de Claude de Monleon, fille de Sybille Chaperon, avec Jean Chasteigner III du nom, elle est passée dans celle des Chasteignier. Elle était située à 22 kil. dans le N.-N.-E. de *Civray* en Poitou. Le fief de la Roche était à 6 kil, dans l'ouest de *Bernay*.

1° JEAN CHAPERON III, seigneur de Bernay, qui suivra :

2° PIERRE CHAPERON, de la postérité duquel on ne sait rien ;

3° FRANÇOIS CHAPERON, écuyer, seigneur de Mazangeau, paroisse de *Drain*. Par devant le Paige, notaire en la cour de Saint-Florent-le-Viel, bail à rente lui est fait le 30 Décembre 1521, par noble homme François de Lancrau, écuyer, seigneur dudit lieu, du lieu et domaine de la *Grande-Rallière*, paroisse de Drain, et de la terre de la *Durantière*, paroisse de Saint-Laurent-des-Autels, pour 25 livres de rente amortissable pour 850 livres tournois (A). Il transigea avec Jean d'Adigné devant Boullard, notaire à Angers, le 28 Avril 1530 (Thorode). Le 27 Mars 1539, en vertu de lettres patentes du Roi données à Compiègne, le 15 Octobre précédent, il fit déclaration devant le lieutenant général de la sénéchaussée d'Anjou, à Angers, de choses heritaux qu'il possédait en fief ou arrière-fief, en ladite sénéchaussée, savoir : 1° Le lieu de *Mazangeau*, sis au dedans de la Chatellenie de Champtoceaux, tenu à foi et à hommage simple de noble homme Jean de Savonnières, seigneur de la Bretesche, à cause de sa seigneurie de Bretesche ; 2° Le lieu et métairie de la *Chesnaie*, en la paroisse de Saint-Sauveur-de-Landemont, au dedans de la seigneurie de Chantoceaux, tenu à foi et hommage simple de noble homme Jean Chenu, seigneur de la Tranchaie. Pour raison de ladite métairie, est due chacun an, une rente à un chapelain qui dit une messe annuelle par chaque semaine de l'an, par l'ordonnance testamentaire de *feu Jean Chaperon, son père;* 3° La métairie de la *Grande-Rallière*, sise en la paroisse de Drain-sur-Loire ; et le bordage de la *Durantière*, tenus à foi et hommage simple du seigneur de la Gallouère ; 4° Le bordage de la *Saullaie*, en la paroisse de Drain et le lieu de la *Noë-Joullain*, en la paroisse de Jallais. Le 31 Mars 1554, il fit la même

déclaration devant le même lieutenant général de la sénéchaussée d'Anjou. (*Andouys. Arch. d'Angers*).

4° Louis CHAPERON, seigneur de la Roche, paroisse de Sommières, succéda à son père dans la propriété de cette terre en
1505. Il fut marié deux fois : 1° à Marie Boisnet : *D'argent au
chef d'azur, au lion de gueules brochant* (Gouget. p. 8),
fille de Jean, de la maison de la Fremaudière, dont il eut trois
filles ; 2° par contrat du 16 Novembre 1501, à Antoinette des
Ages : *D'argent au sautoir de sable cantonné de quatre
roses de gueules* (Courcy, t. I, p. 4), dont il eut une fille. Il
vendit le 6 Juillet 1527 la seigneurie de la Roche, à Anne de
Gouffier, veuve de Raoul de Vernon, chevalier, seigneur de
Montreuil-Bonin, mourut à Sommières, le 15 Avril 1546 et fut
inhumé dans l'église. Il avait eu de son premier mariage :

1° FRANÇOISE CHAPERON, femme de René de l'Age :
*D'or à l'aigle à deux têtes de gueules, becquée et mem-
brée d'azur* (Courcy, t. I. p. 1), écuyer, lequel rendit
aveu en 1525 à l'abbé de Charroux, pour son hôtel de
Villemie, et dont l'arrière petit-fils Paul, gentilhomme
de la Chambre en 1610, s'établit en Bretagne, où il épousa
Marie Bizien, dame de Kergomard, d'où : Jacques de
l'Age, seigneur de Kergomard, qui, marié à Jeanne de
Heuc, fut père de René de l'Age, chevalier de Malte,
diocèse de Vannes, qui fut reçu le 2 Juillet 1663, et dont
les huit quartiers se trouvent à la page 720 du manuscrit
de la bibliothèque de l'Arsenal.

2° JEANNE CHAPERON, conjointe à Guillaume de Che-
zelles : *D'argent au lion de sable, avec trois molettes
d'éperon de même sous les deux pattes du lion*
(Andouys, p. 41), àliàs : *D'argent au lion de sable, armé*

4

lampassé et couronné d'or (Touraine [1], t. xviii, p. 266), écuyer, seigneur de la Valinière près l'île Bouchard, famille devenue au xviiᵉ siècle, seigneurs de Nueil, de Sous-Daye, de la Loutière, de Salles et de la Noblaye.

3° CHARLOTTE CHAPERON, alliée à Antoine de Guillerville, écuyer : *D'azur à trois fasces ondées d'argent et de sable.* (Gouget, p. 28).

Et du second mariage : Catherine CHAPERON, femme de Charles de Livron : *D'argent à trois fasces de gueules, au franc quartier aussi d'argent, chargé d'un roc d'échiquier de gueules.* (Anselme, t. ix, p. 168), seigneur de la Forest, de Beaumont de la Valade et de l'Espardelière, famille éteinte à laquelle Anselme a consacré un article motivé par Charles de Livron, marquis de Bourbonne, maréchal de camp des armées du Roi, lieutenant général du gouvernement de Champagne, gouverneur de Coiffy et de Montigny, capitaine de cinquante hommes d'armes, chevalier du Saint-Esprit. Il était fils de Herard de Livron, baron de Bourbonne, chevalier des ordres du Roi, et de Gabrielle de Bassompière, dame de Ville. Marié le 19 Août 1623 à Anne d'Anglure de Savigny, fille de Charles Saladin-d'Anglure, vicomte d'Estanges, il en eut entre autres enfants, Henri-Charles de Livron, chevalier de Malte, et Charles de Livron, marquis de Bourbonne, qui, allié en 1650 à Claude de Salnave, dame de Cuile et de Bricot, a continué la filiation et dont la descendance s'est éteinte avec son petit-fils Jean-Baptiste-Erard de Livron, marié le 29 Octobre 1714 à Louise-Madeleine-Henriette-Charlotte de Nettancourt, fille d'Henri, baron de l'Echelle et de Fontaines-Denis et de Marie-Charlotte des Forges. Il mourut à Paris le 13 Mars 1728, laissant une fille unique , Henriette-Charlotte-Anne-Almédie de Livron. (Anselme, t. ix, p. 168.)

VI. Jean CHAPERON III du nom , dit le *jeune*, fut seigneur de Bernay, de la Fauchardière, de Couhe-de-Vache [1], en Aunis, capitaine et gouverneur de Civray, en Poitou. Il eut pouvoir de Charles, duc de Gueldres, pour faire la guerre à l'Empereur et au roi de Castille, par terre et par mer, à l'occasion de quoi il vendit sa seigneurie de Couhe-de-Vache, et ayant armé des vaisseaux à ses dépens, il descendit, l'an 1508, en Provence, avec Pierre de Marans, seigneur des Houlmes-Saint-Martin, son cousin-germain, et alla jusque dans le duché de Milan. Jean d'Auton en parle souvent dans ses chroniques [2]. Il le nomme messire Jean Chaperon. A l'assaut de *Metelin* (23 Décembre 1501). « Il fut là chevalier » et reçut un coup de trait au visage au travers du nez. Le » siége levé, les François s'embarquent, Chaperon tient tête » aux Turcs qui poursuivent, et protége l'embarquement. Au » siége de *Carignan* (1502) : cestuy Chaperon étoit toujours au » plus avant dans la mêlée, et tant donnoit de coups de pique à ces » gipponiers qu'ils ne savoient remède d'eux sauver. Tout seul

---

(1) **Couhe-de-Vache**, au S'.-O. *d'Esnandes*, près La Rochelle était un port qui fut creusé au xv⁰ siècle , comme il appert des lettres de Charles VII, datées de Loches au mois d'Avril 1435, lesquelles portent : qu'il sera édifié un port et hâvre, en un pré nommé *Queue de Vache*, appartenant à l'abbaye et couvent de Pontdouce. Ce port est présentement comblé. Dans la compilation des pièces contenues aux registres du Parlement faite par M. Le Nain : « Justice donnée par » le Roi, au lieu de Couhe-de-Vache, qu'il érige en fief. Enregistré et publié le 24 » Mai 1464. Ce fief relevait du Roi. (Arcère, *Histoire de La Rochelle*, t. i, p. 135.) »

(2) **Histoire de Louis XII** *et des choses mémorables advenues de son règne*, *ès-années 1499-1508*. **Jean d'Auton, 1615.**

» soutenoit le combat dont fut pressé de tous côtés, et tant appro=
» ché qu'un Espagnol sur lui, rua un coup de rapière le long de
» sa pique, qui lui tomba sur la main senestre, tellement que
» les deux maîtres doigts lui fit voler à terre. Les François lui
» crioient qu'il se retirât, et que par folle hardiesse ne soutint
» mortel dommage, toujours ruoit à coups forcenés, tant que
» là, fut regardé de chacun et de tous prisé. Dedans *Gayette*
» (1503), étoient alors plusieurs François malades et blessés et
» entre autres Jean Stuart, duc d'Albanie, lequel tout mal
» disposé, sachant la retraite des François avec tous ses gens
» et d'autres ce qu'il put mener, s'en alla rendre à cestuy Pont-
» de-Mole, monté et armé pour là vivre et mourir au service
» du Roi. Aussi y étoit messire Jean Chaperon malade et
» blessé qui pareillement ne voulut garder la ville, mais avec
» quatre cents *laquais*[1] des siens, tout à beau pied, un
» bras en écharpe et l'épée de l'autre main se trouve à la
» venue des François, qui furent chassés jusqu'à cestuy Pont-
» de-Mole, et là commencèrent à tour de bras le butin. Aux
» François ennuyoit moult de reculer, toutefois force leur fut
» pour cette heure. » Jean d'Auton consacre trois chapitres
entiers à ses aventures de mer :

*Comment, durant le temps que le Roi était delà les monts,
messire Jean Chaperon, et un nommé Antoine d'Auton, seigneur
dudit lieu, se mirent sur mer, où firent plusieurs courses, de
quoi le Roi fut mal content.*

---

(1) **Laquais.** Au moyen âge la domesticité n'avait rien de servile. Les valets
et les écuyers étaient nobles et aspiraient à la chevalerie. Ce fut à une époque
beaucoup plus récente que les services inférieurs furent rendus par des domes-
tiques gagés que l'on appelle *Laquais* ou *Valets* (Cheruel, t, ii, p. 646.)

Raïnguet les résume dans sa *Biographie Saintongeoise*, et appelle Chaperon : « *genlilhomme de l'Aunis* [1] ». Il avait épousé Marguerite de Vieux : *D'or au lion d'azur* (Duchesne, p. 162), dame de Moutfaucon, fille de Gaspard de Vieux, seigneur de Montfaucon et de Pontlong en Tourraine, et de Mathurine de Choisy : *D'azur au chef emmanché de quatre pointes de deux demies d'or.* (Touraine, t. XVIII, p. 270). Ladite Mathurine, fille de Richard de Choisy, seigneur de Bretoniz et d'Aillé, en la paroisse de Saint-Georges de Baillargeau, et de Gerande de Montfaucon : *De sinople au lion d'or.* (Duchesne, p. 47), héritière de Montfaucon en la paroisse de Marigny. Jean Chaperon III, fut du côté maternel le trisaïeul de Jean Chasteigner IV, seigneur de la Rocheposay [2], celui des arrière-petits fils de Sybille Chaperon qui a continué la filiation des Chasteigner. On trouve un chevalier de Malte, Louis de Vieux, reçu en 1546, dont les huit quartiers sont à la page 148 du manuscrit de la bibliothèque de l'Arsenal, mais

---

(1) L'histoire explique la transplantation de cette famille en Aunis. « L'acceptation du joug anglais par une partie des populations de l'Aquitaine, donna, » dans l'*Aunis* et la *Saintonge*, aux guerres de XIVe et XVe siècles, le double caractère de guerres étrangères et de guerres civiles. Pas un homme de guerre de cette époque qui ne soit venu là acquérir ou justifier sa réputation d'habileté et de courage. Ce que nous disons de l'espèce de rendez-vous que s'étaient donné dans les plaines de l'Aunis et de la Saintonge, toutes les illustrations politiques et militaires des XIVe et XVe siècles, pendant la lutte de l'Angleterre et de la France, nous pouvons le répéter pour le XVIe siècle, à l'occasion des guerres religieuses (**Malte-Brun**). »

(2) **Jean Chasteigner IV**, seigneur de la Rocheposay, était fils de Louis Chasteigner, seigneur de la Rocheposay et de Claude du Puy. — Ledit Louis était fils de Jean Chasteigner III, seigneur de la Rocheposay et de Claude de Monléon, dame d'Abain. — Ladite Claude était fille de Louis de Monléon, seigneur d'Abain et de **Sybille Chaperon**, — et ladite Sybille était fille de **Jean III Chaperon**, seigneur de Bernay et de Marguerite de Vieux.

il portait : *Burelé d'argent et d'azur, à l'aigle de gueules brochant sur le tout.* De ce mariage issurent :

1° JEAN CHAPERON IV du nom, chevalier, seigneur de Mont-faucon, qui mourut sans enfants, ayant été tué à la bataille de Ghieradada, contre les Vénitiens, sous le règne de Louis XII ;

2° FRANÇOIS CHAPERON, seigneur de Bernay, qui décéda pareillement sans lignée ;

3° SYBILLE CHAPERON [1], héritière des terres de Bernay et de Montfaucon fut mariée deux fois : 1° à Charles de Brisay *(Voy. Brisay, p. 33 et 34)*, seigneur de Chincé et du Rivau, oncle de Jacques de Brisay, seigneur de Beaumont, de Brain et de Villegongis, sénéchal de la haute et basse marche et lieutenant du Roi en Bourgogne. Elle en eut une fille nommée Nicolle de Brisay, conjointe avec Jean de la Tousche : *D'or au lion de sable couronné de gueules* (Catal., p. 530), puisné du seigneur de Chillac, en Saintonge, issu de la maison de la Tousche d'Origny ; 2° à Louis de Monleon [2]. *De gueules au lion passant d'argent, armé et lampassé de gueules* (Duchesne,

(1) **Sybille Chaperon.** C'est cette même Sybille Chaperon, arrière petite-fille de Geoffroy Chaperon de la Chabocière, branche cadette, que Duchesne dans les quartiers d'alliance de Claude de Monleon fait l'arrière petite-fille de Pierre Chaperon de la Chaperonnière, branche aînée, rendant ainsi ces quartiers absolument inexacts. *(Voy. p. 35.)*

(2) **Monleon.** On ne trouve rien des ancêtres de cette famille avant Saint-Louis, quoiqu'en ce temps là elle fut déjà puissante et en possession de plusieurs belles terres. Le nom de Monleon leur demeura à cause d'un château et seigneurie du nom qu'ils avaient en la ville de *Chauvigny*, où il parait encore une grande tour, près de l'église de Saint-Pierre de Chauvigny. Ce château était possédé au temps des rois Saint-Louis et Philippe III son fils, par *Guy de Monleon* qui s'en qualifiait seigneur et possédait aussi les terres de Touffou, de la Maisonneuve, de la Roche-Amenon, près la Haie, en Tourraine, et autres lieux avec la baronnie de Montmorillon, assise en Poitou. Guy de Monleon, seigneur de Monleon et de Touffou, baron de Montmorillon en 1220, transporta sa baronne de Montmorillon par échange au Roi Philippe-le-Bel. Sa femme fut Agnès. A. DUCHESNE.

p. 42), seigneur d'Abain [1], second fils de René et de Guillemine de Maillé : *D'or à trois fasces ondées de gueules* (Duchesne, p. 162). Ces armes figurent au musée de Versailles, et
représentent celles de Foulques de Maillé, à la première croisade en 1096 (Parois, p. 308). Louis de Monleon eut en partage la seigneurie d'Abain, par contrat passé le 22 Avril 1494
en présence de Louis de Plesneau, seigneur de Vaucouleur,
de Joachim de la Tousche, seigneur de Marigny, de Guyot de
Genouillé et d'Ollivier de Mousson, tous ses parents, et après
la mort de son frère aîné Joachim de Monleon, sans lignée
de Jeanne Pot : *D'or à la fasce d'azur* (Paillot, p. 170) [2],
sa femme, fut aussi le seigneur de Touffou [3], de Talmont,
d'Abain de Chargé et de la Mothe. Elle vivait encore en 1543,
et fut marraine le 5 Avril de cette année de sa petite fille Jeanne
Chasteigner de la Rocheposay. Elle fut la bisaïeulle de Jean
Chasteigner IV, seigneur de la Rocheposay *(voy. note 2, p. 57)*,
celui des petits-fils de Claude de Monleon qui a continué la
filiation des Chasteigner de la Rocheposay, et c'est au mariage
de son petit-fils François Chasteigner, seigneur de la Rocheposay, avec Louise de Laval de la Faigne, que la famille Chasteigner doit d'être inscrite par Duchesne dans son *Histoire de
la maison de Montmorency*, au nombre des familles alliées
à cette grande maison. De son mariage avec Louis de
Monleon, Sybille Chaperon eût une fille unique, Claude de
Monleon. — Claude de MONLEON, dame de Touffou, d'Abain,
héritière des Monleon épousa, par contrat passé à Abain le
28 Août 1519. Jean Chasteigner III : *D'or au lion passant de*

(1) **Abain** tenait de la chatellenie de *Massoigne*, commune actuelle du canton
de *Mirebeau*, au S. O.

(2) **Paillot**. *La vraie et parfaite science des Armoiries* — Dijon 1660.

(3) **Touffou**. Cette Chatellenie tenait de la baronie de *Chauvigny*, et était située
entre Chauvigny et *Bonne*, qui est un peu au nord de la Vienne.

sinople (Duchesne, p. 162), seigneur de la Rocheposay, à qui elle apporta ses terres et seigneuries. Elle mourut le 8 Juillet 1564, après avoir disposé de ses obsèques par testament, sous le bon plaisir de son seigneur et mari. Elle laissa 500 livres pour aider à marier de pauvres filles, et mettre de pauvres enfants en école et en métier ; donna d'autres sommes aux pauvres, tant de la ville et terre de la Rocheposay que d'autres lieux, prescrivant d'être enterrée à la Rocheposay, auprès du seigneur de Touffou, son fils aîné. Bref, par l'oraison funèbre qui fut prononcée, il est dit entre choses qu'elle fit bien instruire et nourrir messieurs ses enfants, et qu'elle menait une vie si vertueuse et louable envers Dieu et un chacun, qu'il n'est pas possible de plus. Jean Chasteigner III, fils aîné et héritier principal de Guy Chasteigner et de Madeleine du Puy, fut seigneur de la Rocheposay, de Saint-Georges de Rexe, de la Rochefaton, de la salle d'Estré, de l'île Bapaume, de la Meilleray, d'Armuré, de Chervé, baron de Previlly, chevalier de Saint-Michel, conseiller et chambellan des rois François Ier et Henri II, et leur maître d'hôtel ordinaire. Il avait pris l'ordre de chevalerie en 1515. Guidon de cent hommes d'armes, de François, comte d'Angoulême, qui fut bientôt François Ier, roi de France, puis à la compagnie de Renée de Savoie, comte de Villars, grand maître de France ; il se trouva au siége de Pavie en 1522, et étant entré dedans le jour de l'assaut, il reçut un coup de mousquet qui le rendit boiteux toute sa vie. Aux obsèques de François Ier, qui furent célébrées en 1547, il fit office de maître des cérémonies avec Antoine Raffin, seigneur de Pecalvary, sénéchal d'Angoumois, capitaine de cent archers de la garde du Roi. Il fut confirmé dans toutes ses charges par Henri II. Finalement le Roi Charles IX, voulant reconnaître ses bons et signalés services, l'associa à sa milice et chevalerie de Saint-

Michel, et lui envoya l'ordre à la Rocheposay, par Claudé Gouffier, marquis de Boissy, grand écuyer de France et mari d'une de ses nièces. Il le reçut l'an 1567, dans l'église de la Rocheposay, mais il mourut à Touffou le 1er Juin de la même année, âgé de 77 ans, et reçut la sépulture avec son épouse Claude, en l'église de la Rocheposay[1]. De son mariage avec Jean Chasteigner III[2], Claude de Monleon eût :

1° Antoine CHASTEIGNER, naquit à Abain, le 17 Août

---

(1) **La Rocheposay**, principale seigneurie des Chasteigner était une petite ville assise sur la rivière de la Creuse, dans le diocèse de Poitiers, accompagnée d'un château qui lui dounait le titre de chatellenie. Elle relevait de l'évêché de Poitiers à cause de la baronie d'Angle. (A Duchesne.)

(2) **Chasteigner**. Dans son histoire de cette maison, André Duchesne donne, page 24, un tableau généalogique par lequel on voit que la famille des Chasteigner seigneurs de la Rocheposay descend par divers degrés en ligne féminine, des maisons royales de France, d'Angleterre et de Castille. Il la fait remonter à *Robert de France*, fils de Hugues-Capet, qui épousa *Constance d'Arles*. Il fait descendre les Chasteigner de la Rocheposay de Gilbert Chasteigner, chevalier, qui vivait en l'an 1068. Elle a donné sept chevaliers de Malte : 1° Pierre Chasteigner, fils de Pierre, seigneur de la Rocheposay, et de Jeanne de Varèze, qui fit profession le 3 Mai 1476, et fut commandeur de la Feuillée près Guingamp en Bretagne en 1486. (Duchesne.); 2° Six chevaliers, dont on trouve les quartiers aux pages 10 — 110 — 111 — 209 — 434 — 462 du manuscrit de la bibliothèque de l'Arsenal, dont le dernier fut : René Chasteigner du Roure, reçu le 10 Juillet 1617, qui fut tué dans un combat contre les Turcs en 1620. Il était fils de César Chasteigner du Roure et de Renée de la Greze. Dans son *Histoire de la maison de Montmorency*, Duchesne (p. 705), compte la famille des Chasteigner au nombre de celles qui sont alliées à cette grande maison. — **La Chataignerale**. Parmi les terres considérables possédées, dès les tems les plus reculés, par la maison des *Chasteigner*, les chartes assignent que l'une des plus anciennes seigneuries à laquelle ils imposèrent jadis leur nom, fut celle de la *Chataigneraie*, gros bourg ou ville non fermée, à deux lieues de la ville de Vouvant en Poitou. Il ne serait pas possible de dire quand cette terre des Chataigneraie fut bâtie, ni d'où ses premiers seigneurs tirent leur extraction ; mais il est certain que Marie Chasteigner eut une sœur puînée, Marie, du même nom qu'elle, qui fut conjointe à *Savary de Vivonne*, chevalier, seigneur de Thors des Essarts et d'Aubigny, descendu de Hugues de Vivonne, chevalier, puîsné de la maison des anciens seigneurs de Vivonne, lequel vivait au tems de Saint-Louis. (A. Duchesne.)

1520. Il fit le voyage de Constantinophe avec François de Véndôme, vidame de Chartres , ambassadeur du Roi, et, de retour, se noya dans la rivière de la Vienne, près de Touffou, où il fut enterré dans l'église de Saint-André de Bonne.

2° CLAUDE CHASTEIGNER , né à la Rocheposay , le 26 Juillet 1523, mourut en bas âge.

3° ROCH CHASTEIGNER , qui au baptême avait reçu le nom de René, mais, le changea à la confirmation, naquit à Touffou le 7 Février 1527. Par la mort de ses frères, il devint l'aîné, et fut seigneur de Touffou, écuyer du roi Henri II, chambellan de François II et de Charles IX, et capitaine d'une compagnie de cent chevaux légers. Il fut au siége de Bourges, en 1561, mais à peine fut-il arrivé dans le camp qu'il fut tué d'un coup de mousquet, tiré de la batterie de Saint-Ursin. On porta son corps à la Rocheposay, où il fut inhumé en grande pompe.

4° JANOT CHASTEIGNER , né à Touffou , le 3 Juillet 1529, eut pour parrains Janot de Monléon, seigneur de Marsais, son grand oncle, et François de Benay, seigneur de la Fontaine-Benay, et pour marraine, Sybille Chaperon, son aïeule.

5° ANTOINE CHASTEIGNER, né le 15 le Janvier 1530, eut pour marraine Sybille Chaperon, douairière d'Abain, son aïeule maternelle. En 1552, il fut envoyé au camp de Herdin, avec l'amiral de Chatillon par le commandement d'Anne de Montmorency connétable de France, qui l'affectionnait. De là. il fut pourvu de la charge d'enseigne, en la compagnie d'André de Montalembert, seigneur de Dessé, lieutenant du roi dans Therouanne où s'étant enfermé avec son capitaine quand Charles-Quint l'assiégea, il y perdit la vie, le 15 juin 1553, à l'âge de 22 ans, alors qu'il tirait le drapeau d'un porte-enseigne ennemi, qu'il tua au premier assaut.

6° FRANÇOIS CHASTEIGNER, seigneur de la Rocheposay, de Touffou et de Talmont, baron de Preuilly, chevalier de l'ordre, conseiller maître d'hôtel et gentilhomme de la chambre des rois Charles IX et Henri II, et capitaine de 50 hommes d'armes, naquit à Touffou le 28 Avril 1532. Après la mort des seigneurs de Touffou et de Bapeaume qui trépassèrent ayant leurs père et mère, il devint l'aîné et quitta le bénéfice de l'abbaye de la Grenetierre en commande, pour prendre le titre de seigneur de Talmont, avec la qualité du maître d'hôtel ordinaire du roi Charles IX. Devenu propriétaire des terres de Talmont et de Touffou par le trépas de ses père et mère, il épousa par contrat passé au château de Mathefelou le 27 Septembre 1566, Louise de Laval, dame de la Faigne (voyez Laval, p. 22 et 23), fille unique et héritière de Louis de Laval, seigneur de la Faigne, puisné des comtes de Laval et de Léonore de Castille : *De gueules au château sommé de trois tours d'or* (Palliot, p. 18), dame de Mathefelou. Elle descendait du côté de son père des maisons illustres de Sainte-Maure, de Maillé, de Montmorency, de Harcourt et de la Royale de Bourbon, et du côté de sa mère, elle venait des familles de Châteaubriand, de Champagne, de Beaumanoir, de Craon et autres, comme on le voit par ses quartiers d'alliance (Duchesne, p. 302). Il succéda aussi à son père dans la seigneurie de la Rocheposay et la baronnie de Preuilly. Le Roi l'honora du collier de son ordre, et de l'état de gentilhomme de la Chambre. Il se distingua au siége de la Brouaye et de la Rochelle en 1553. Il accompagna en Pologne Henri de France duc d'Anjou, puis à son retour en France, où il venait prendre la couronne sous le nom d'Henri III, le Roi le retint pour l'un de ses quatre chambellans. Il fut ensuite chargé d'une compagnie de cinquante lances, par lettres expédiées à Paris le 28 Janvier 1576, et le 6 Février suivant, il prêta serment entre les mains d'Albert de Gondy, maréchal de France, premier gentilhomme de la chambre du Roi, capitaine de cent hommes d'armes de ses ordonnances, compagnie dont il prit plus tard le commandement : quelque tems après étant allé visiter le comte Gaspard de Shomberg, son beau-frère à Nanteuil, en Valois, il y mourut le 9 Septembre 1579, âgé de 47 ans, et fut inhumé à l'abbaye de Merci-Dieu. Quand à Louise de Laval, son épouse, il ne lui laissa qu'un fils René qui fut seigneur de la Rocheposay et qui mourut le 18 Mai 1591, à Chartres, pendant que le roi Henri IV la tenait assiégée, à l'âge de 13 ans, et fut inhumé à l'abbaye de Merci-Dieu auprès de son père. Louise de Laval se remaria en secondes noces, le 24 Février 1584, à Pierre de Montmorency, seigneur de Loresse, qui n'en eut aussi qu'un fils mort en bas-âge.

7° CHARLES CHASTEIGNER, né à Abain, le 29 Juin 1533, eut pour marraine Sybille Chaperon, douairière d'Abain.

8° LOUIS CHASTEIGNER, seigneur d'Abain, baron de Malval et de Preuilly, conseiller du Roi en ses conseils d'état et privé, capitaine de cinquante hommes d'armes

de ses ordonnances, chevalier du Saint-Esprit, gouverneur de la haute et basse marche, né à la Rocheposay,
le 11 Février 1535, continua la filiation. Il fit en 1566 le
voyage d'Italie avec l'armée que le duc de Guise y
amena par ordre du roi Henri II. Il accompagna l'ambassadeur de la religion à Malte, voulant s'y faire
recevoir chevalier. Mais reconnaissant que la mer lui
était contraire, il s'en déporta pour retenir l'abbaye de
Nanteuil-en-Vallée, qu'Antoine Chasteigner, seigneur
de Bapaume, lui résigna avant sa mort. Charles IX
envoyant madame Elizabeth en Espagne, il fut un de
ceux que S. M. désigna pour la conduire. Néanmoins,
les bénéfices dont il jouissait ne le lièrent pas à l'église,
car ayant perdu le sieur de Touffou, son frère, qui
mourut devant Bourges l'an 1562, il se résolut immédiatement à la profession des armes et prit le titre de
seigneur de Touffou, sous lequel il épousa par contrat
passé au château de Quincampois, le 15 Janvier 1567,
Claude du Puy : *D'or au lion d'azur armé langué et
couronné de gueules* (Duchesne, p. 62), fille de Georges
du Puy, chevalier, seigneur du Coudray, baron de
Bellefay, et de Jeanne Raffin : *D'azur à la fasce d'or,
accompagnée de trois étoiles d'or de cinq rais en chef*[1]
(Duchesne, p. 164), de la maison de Pecalvary en
Agenois, sa parente au troisième degré avec dispenses du
pape Pie IV, données par bulle du 28 Octobre 1565. Le Roi
le gratifia de l'office de l'un de ses quatre chambellans, et

---

(1) **Raymond du Puy**, fondateur et premier grand-maître de l'ordre de Saint-
Jean de Jerusalem, aux croisades en 1113, dont les armes sont au musée de
Versailles, portait ; *D'or au lion de gueules* (Parois, p. 302). Ce sont les mêmes
pièces principales, modifiées par un léger changement dans les émaux, indiquant
sans doute une brisure.

le créa chevalier du Saint-Esprit et lui donna l'ordre de sa main en la cérémonie du VI⁰ chapitre tenu aux Augustins de Paris le 31 Décembre 1595. A son retour du voyage de la comté de Bourgogne où il accompagnait le roi Henri IV l'an 1595, il demeura malade à Moulins et y mourut le 20 Septembre. Son corps fut rapporté à la Rocheposay et ses obsèques faites en grande pompe. L'évêque de Poitiers célébra la messe et fit la cérémonie de son enterrement. Claude du Puy, son épouse, restée veuve, vécut longtems et mourut le 30 Octobre 1632, âgée de 93 ans, et fut enterrée en l'église paroissiale de Dissey. Elle avait eu huit garçons, parmi lesquels Henri-Louis Chasteigner, évêque de Poitiers, sacré le 18 Mai 1612 dans l'église des Feuillants à Paris, et Jean Chasteigner IV, seigneur de la Rocheposay, qui a continué la filiation des Chasteigner et épousa le 30 Mars 1603, Diane de Fonsecques : *Ecartelé aux 1 et 4 : d'or, à cinq étoiles de gueules de huit rais en sautoir : aux 2 et 3 : de gueules au lion d'or couronné* (Duchesne, p. 64), fille de Charles de Fonsecques, et deux filles, Françoise et Gabrielle Chasteigner ;

9⁰ Antoine CHASTEIGNER, né à la Rocheposay, le 21 Février 1536, mourut en bas-âge.

10ʳ Janet CHASTEIGNER, né à Touffou, le 26 Juin 1538, mort jeune.

11⁰ Janet CHASTEIGNER, seigneur de Saint-Georges de Rexe, de l'île Bapaume, d'Amuré, de la Meilleraie, chef de la branche des seigneurs de Saint-Georges, naquit à Touffou, le 26 Mars 1542. Il porta le titre de seigneur de

Saint-Georges-de-Rexe. Enseigne d'une compagnie de deux cents arquebusiers pour la garde du roi Charles IX, chevalier de Saint-Michel, maître d'hôtel et gentilhomme ordinaire, il se trouva aux siéges de Poitiers et de la Rochelle en 1573. Il avait épousé par contrat passé à Verderonne le 19 Avril 1567. Jeanne de Villers : *D'argent, à la bande de sable chargée de trois fleurs de lys d'or*. (Duchesne, p. 448), héritière des seigneuries de Villers-Saint-Paul, de Verderonne, de Montigny, etc., fille de Philippe de Villers, et d'Antoinette de Bosqueaux : *De sable, à la bande d'argent chargée de trois coquilles de gueules* (Palliot, p. 288), et après avoir vécu treize ans avec son épouse, il mourut avant elle à Poitiers le 6 Janvier 1581, âgé de 38 ans et fut enterré aux cordeliers. Jeanne de Villers, mère d'un fils et de quatre filles, se maria à Jean de Pons, gouverneur de Pons, et capitaine de deux cents hommes d'armes ; elle mourut le 28 Mars 1612 et fut enterrée en l'église de l'abbaye de la Trinité de Poitiers.

12° Philippe CHASTEIGNER, née à la Rocheposay, le 8 Septembre 1524, fut nommée abbesse de Saint-Jean-de-Thouars, en 1543, par bulle du pape Paul III. Le roi Henri II se trouvant à Yz sur Tille, le 28 Juin 1548, lui accorda par brevet, la permission de résigner son abbaye à Françoise, sa sœur, mais elle ne résigna pas.

13° Françoise CHASTEIGNER, née à la Rocheposay, le 5 Mars 1525, eut pour marraine Sybille Chaperon, douairière d'Abain, son aïeule. Elle se rendit de l'ordre Saint-François au couvent de Mirebeau, fut prieure de Saint-Clément, de la paroisse d'Affre près Niort, mourut

,en 1570, et reçoit la sépulture en l'église paroissiale de Saint-Pierre de Thurageau que les seigneurs d'Abain ont fondée.

14° Marie CHASTEIGNER, née à Touffou, le 9 Septembre 1534, eut pour parrain René Chasteigner, seigneur de Touffou, son frère, et pour marraines Marie d'Amboise, abbesse de la Trinité de Poitiers, et Jeanne Pot douairière de Touffou.

15° Sybille CHASTEIGNER, née à Abain le 14 Mars 1539, eut pour parrain Jean de la Forest, baron de Griffe, et pour marraines Sybille Chaperon, douairière d'Abain, et Françoise Cathus, dame de Fonfrère et du Coudray près d'Abain. Comme sa sœur Marie, elle mourut jeune. .

16° Jeanne CHASTEIGNER, née à .Touffou, le 5 Avril 1543, eut pour parrain René Chasteigner, abbé de la Merci-Dieu, son oncle, et pour marraines Sybille Chaperon, douairière d'Abain, et Jeanne Pot douairière de Touffou. Elle épousa en premières noces Henri Clutin : *D'argent au chef bastille d'azur, chargé au canton dextre d'une étoile d'or* (Palliot, p. 84), seigneur de Villeparisis et de Saint-Aignan, au Maine, vice-roi en Ecosse pour le roi Henri II, ambassadeur à Rome où il mourut, et fut enterré à Saint-Louis, laissant un fils, mort en bas âge ; en deuxièmes noces elle épousa ,Gaspard de Shomberg : *D'or au lion coupé de gueules et de sinople* (Duchesne, p. 64), comte de Nanteuil, colonel des bandes allemandes et gouverneur de la haute et basse Marche, duquel fut procréé à Henri de Shomberg, comte de Nanteuil. *(Extrait de Duchesne.)*

§ IV

Seigneurs **de Mescrin, de Terrefort, de Seneche, de la Boulée, de Glouete, de Bizay, de Mournay, de Cherves, de Doussay, de Fongeffroy**, etc.

———

V. Auvergnais **CHAPERON**, chevalier, fils aîné de Geoffroy Chaperon de la Chabocière et de Macée d'Avoir, rapportés au degré IV § III, seigneur de la Lande-Chaperon, de la Chabocière, de Mescrin, de Terrefort, etc., conseiller du bon roi René [1], est qualifié chambellan du roi Charles VII et capitaine de Mirebeau dans les preuves de Gaspard Chaperon, chevalier de Malte *(voy. p. 20)*. Il y est dit son sixième aïeul et frère de Charles Chaperon, chevalier de Saint-Jean-de-Jérusalem en 1480. Le 5 Mai 1422, par devant Bidet, notaire à Angers, à titre de fils aîné et d'héritier principal, il reçut de ses père et mère les domaines de la *Chabocière*, de *Ferrière*, de la *Pétrandière*, etc., *(voy. p. 47)*. Par contrat du 29 Juillet 1439,

———

(1) Charles VII en 1445, négociant avec Henri VI, roi d'Angleterre, époux de Marguerite d'Anjou, fille du roi René, la restitution à la France du comté du Maine, autorisa le 17 Octobre, l'envoi à la cour d'Angleterre de négociateurs nommés à cet effet par René ; ce furent Jean Havart, son valet tranchant, puis Guillaume Cousirot, sire de Montreuil. Une autre procuration fut donnée par René à la même date et dans le même but, à *Alvernatius Chaperon* et à *Charles de Castillon*, sire d'Albanic, *ses conseillers*. Mais elle était conditionnelle, et l'archevêque de Reims, qui signa les deux avec Pierre de Brezé et le sire d'Harcourt, a ajouté de sa main sur celle-ci : « Il y a un aultre pouvoir en meilleur forme » duquel il se fauldra ayder; et non pas de celuy-ci, sinon en cas de nécessité, » et pour éviter la rompture de la délivrance du Maine. » « **Lecoy de la Marche** « *Le roi René* » *sa vie, son administration*, (t. I, p. 250.)

5

passé devant Le Roux, notaire à Angers, il acheta à Maurice
Rebondi, paroissien de Saint-Aubin des Ponts-de-Cé, un
sextier de seigle de rente perpétuelle, assis sur la gagnerie de
de la Touche, paroisse de Saint-Jean-des-Mauvretz ; et ce,
pour le prix de dix-huit livres tournois. Par contrat devant
J. Le Bigot et G. Pauver, notaires à Angers, le 31 Janvier
1440 [1], il acheta à Noble homme Charles de Montecler,
écuyer, la moitié par indivis des seigneuries qui s'ensuivent,
savoir : 1° La chatellenie, terres de *Seneché*, relevant de
Mirebeau, telle que haut et puissant seigneur feu Jean de
Craon, seigneur de Suze, jadis la possédait ; 2° la moitié des
hôtels, terres et seigneuries de la *Boulée*, de *Terrefort* et de
Glouete, provenant dudit Jean de Craon, puis de messire Gilles
de Raiz, qui les avaient vendus audit Charles de Montecler ;
3° Les terres, gagneries et seigneuries de *Bisay*, *Mournay*,
Doussay, *Fongeffroy*, et les dîmes de *Monteil* et de *Machecoul*,
venant des susdits Jean de Craon, messire Gilles de Raiz et
Charles de Montecler ; 4° La moitié des deux maisons sises à
Mirebeau, appelées les maisons de *Vanczay*, provenant également-
ment des personnes susdites ; 5° la moitié de la somme de
400 royaux d'or de rente, aussi venue des mêmes personnages,
lesdites ventes faites pour le prix de 3810 livres tournois. Par
contrat passé à Saint-Mexent, le 21 Juillet 1444, devant le
Potier, il donna pleige à Jean Chaperon son frère puisné, pour
les mille écus d'or que ledit Jean donnait en dot à Jeanne de
Varennes, son épouse. Il mourut en 1454, car le 29 Mai de

(1) Cet acte ne se trouve pas en original aux archives de Maine-et-Loire, mais
en *Vidimus* certifié conforme par le garde scel de Mirebeau, le penultienne jour
de l'an 1463.

cette année, par devant Lucas, notaire à Chatellerault, ses héritiers furent déchargés de sa caution par ledit Jean Chaperon et ladite Jeanne de Varennes (A.) Il avait épousé dame Anne Valori : *D'or au laurier de sinople, au chef de gueules* (Courcy, t. II, p. 468), qu'on croit fille de Barthélemy Valori, pourvu de la capitainerie des ville et château d'Angers en 1447, fils aîné de Gabriel Valori, lequel était le fils cadet de Taldo Valori [1], gonfalonnier de la république de Florence, en

---

(1) **Lettres-patentes impériales et royales**, *portant reconnaissance de l'origine souveraine et des droits héréditaires des princes de la maison de Valori.*

« Nous, Pierre Léopold 1er, par la grâce de Dieu, archiduc d'Autriche, prince
» royal de Bohême et de Hongrie, grand duc de Toscane... De notre science
» faisons connaître et attestons publiquement :

› Que la famille dont le surnom est de Valori a établi son domicile à Florence,
» mais que dans les temps les plus reculés, elle a tiré son origine de Rome, sous
» le nom de Rustichelli desquels plusieurs autres familles sont provenues [1] parmi
» lesquelles il est indubitable qu'il faut compter celle des Valori, comme il est
» facile de s'en assurer dans de nombreux parchemins et manuscrits existant
» dans les archives de Florence.

› *Item.* Que la famille des Rustichelli s'est transportée dans la nuit des temps,
» dans la très-antique cité de Fiésole, en Etrurie, et qu'elle y exerça la souve-
» raineté jusqu'à l'année 1038, époque à laquelle l'empereur Conrad confisqua
» les biens des Rustichelli, et leur enleva la propriété de laquelle cependant les
» Rustichelli retinrent le titre.

› *Item.* Que la famille des Valori issue en ligne directe des Rustichelli, a occupé
» un très-grand nombre de fois les prèmiers honneurs à Florence, et a rempli
» les premières charges, à savoir : Treize fois celle de gonfalonnier souverain et
» trente fois celle de prieur, et c'est pour cela que la famille des Valori brille
» au milieu des plus hautes maisons d'Italie.

› *Item.* Que la famille des Valori s'est transportée à Naples en 1349, dans la
» personne de Gabriel de Valori, fils cadet de Taldo Valori, gonfalonnier de la
» république de Florence, et de dona Ostia de Médicis ; que Gabriel de
» Valori, vice-roi de Naples, prince de Cozenza, gouverneur de Provence, con-
» duisit la famille des Valori en France, lorsque Louis II d'Anjou y retourna, et,

---

(1) Les deux maisons des Guidi d'Urbin, et des Guidice, ducs de Gioviennazo et prince de Cellamare, sont issues de la même souche.

1340, et de dona Ostia de Médicis : *D'or à un tourteau de France, et cinq autres de gueules disposés en orle, celui de France en chef* (Maigne, p. 50). Il en eût :

1° Bertrand CHAPERON, seigneur de Mescrin, qui suivra :

2° Jean CHAPERON, écuyer, seigneur de Terrefort [1]. Par

» par l'entremise du très-célèbre Barthélemy, fils aîné dudit Gabriel, elle y fixa
» sa résidence.

» *Item*. Que la famille des Valori a occupé en France un rang aussi élevé qu'en
» Italie, qu'elle s'est alliée aux plus illustres familles, et entre autres à la royale
» maison de France, par le mariage de Valori, seigneur d'Estilly avec René de
» Champagné, qu'il suit de là, que Louis-Marc-Antoine, aujourd'hui chef de l'il-
» lustre famille de Valori descend par les femmes, de l'empereur Charlemagne.

» *Item*. Que la famille des Valori a également brillé dans les dignités ecclé-
» siastiques, et que comme le rapporte une tradition constante [1], les souverains
» pontife S. Innocent et Innocent V sont issus de la maison de Rustichelli.

» *Item*. Que la famille a aussi brillé à la tête des armées françaises, dans le
» conseil des rois très-chrétiens et dans les ambassades. Pour ces causes, et
» parce que Louis-Marc-Antoine, des princes Rustichelli a produit toutes les
» preuves de sa famille depuis Rustichello-Rustichelli, prince de Fiesole, palatin
» de Toscane et vicaire-général de l'empire en 934, jusqu'à la présente année,
» de notre propre mouvement, spontanément, et sans le moindre doute, ni la
» moindre hésitation de notre part, nous avons signé les présentes lettres-
» patentes.

» Donné à Florence, le septième jour du mois de Janvier, en l'an du Seigneur,
» mil sept cent quatre-vingt-six.
                                      » Signé : Léopold.
                         » Contre-Signé : Sigismond Bajulieri,
                                » marquis Della Stufa. »

---

(1) **Terrefort** hôtel et seigneurie, paroisse de *Saint-Martin-de-Doussé*, canton de
l'Encloître, archiprêtré de *Mirebeau*, appartient à : Jean de Craon, seigneur de Suze
— Gilles de Raiz qui le vend à Charles de Montecler — **Auvergnais Chaperon**,
1440 — Son fils **Jean Chaperon**, 1454-1475 — **Bertrand Chaperon**, frère de
Jean, 1498 — Sa fille **Catherine Chaperon**, dame de Cherves, arrière
petite-fille de Geoffroy Chaperon de la Chabocière 1499 — Son fils Jean Halli-

---

(1) Cette tradition est devenue une certitude depuis les travaux du célèbre carme
Ildefonso di San Luigi (Voy. *Delizie* crediti toscani, tom. xvi). — **Nobiliaire de Guienne** iii,
p. 555.

contrat passé devant Dreux, notaire en la cour de Faye-la
Vineuse, le 1er Juillet 1473, en présence de noble et puissant
seigneur Antoine de Bueil, comte de Sancerre, et dame Jeanne
de France, son épouse, fille de Charles VII et d'Agnès
Sorel [1]; noble Gilles de la Grezille, écuyer, seigneur de la
Tremblaye, il épousa damoiselle Aliénor de la Grezille. Ledit
comte de Sancerre et ladite dame Jeanne de France, et ledit
écuyer Gilles de la Grezille, donnent à ladite Aliénor, la somme
de 1,000 écus d'or, c'est à savoir : ledit seigneur comte et sa
femme, 500 écus pour les bons et agréables services à eux_faits
par ledit écuyer, seigneur de la Tremblay, et ladite damoiselle, sa sœur, et icelui écuyer, seigneur de la Tremblaye, la
somme de cinq cents autres écus, qui font icelle somme de
mille écus, et est dit entre les deux parties que Jean Chaperon
sera tenu de convertir d'icelle somme de 1,000 écus. 700 écus
en acquets qui seront réputés, le propre héritage et douaire de
ladite Aliénor, et le surplus, à faire le bon plaisir des futurs
époux. Furent témoins : Arthur de la Forest, grand écuyer de
France, Baudoin de Champaigne, Pierre de Rouçay, seigneur
de Verrue, Jean de la Rousselière, Louis Savary, Louis des

___

dray, 1502 — François Hallidray, seigneur de Cherves, fils du précédent, 1534.
(A. — Arch. de Poitiers.)

(1) Charles VII eut d'Agnès Sorel, fille de Jean Soreau, seigneur de Saint-Géran
et de Catherine de Meignelais, trois filles naturelles ; 1° Charlotte de France,
alliée en 1462, à *Jacques de Brézé,* comte de Maulevrier, maréchal et grand sénéchal de Normandie. Son mari, qui l'avait surprise en adultère, la tua le 16 Juin
1477, près de Dourdan, à Romiers. Elle fut inhumée dans le cœur de l'abbaye de
Coulombs, sous une tombe de cuivre jaune ; — 2° Marguerite de France, qui fût
élevée, dans sa jeunesse, au château de Taillebourg, par Prégent de Coëtivy,
amiral de France. Elle épousa, le 18 Décembre 1468, *Olivier de Coëtiny,* chevalier,
sénéchal de Guienne, auquel, en faveur de ce mariage, le roi donna 12,000 écus
d'or, avec tous les droits qu'il avait sur les terres de Royan et de Marnac. Elle
était morte avant 1473 ; — 3° Jeanne de France, mariée à *Antoine de Bueil,* comte
de Sancerre, avec une dot de 40,000 écus d'or (**De Belleval**, *Revue hist., nob., et
biog.* — 1875, p. 409).

Loges et Charles de Montleon. Il mourut avant 1498 sans laisser d'enfants et la seigneurie de Terrefort passa à son frère François qui la laissa à ses héritiers. La Grezille : *De gueules fretté d'argent de six pièces* (Andouys, p. 69, verso) ; *aliàs*, moderne : *De gueules à trois crosses d'or en pal 2, 1, à la bordure de même*, famille alliée aux maisons de Champagne et de la Suze. (Touraine, t. XVIII, p. 439.)

3° Gilles CHAPERON, rapporté au § IV.

4° Jeanne CHAPERON, qui le 30 septembre 1445 épousa Simon de Marconnay II du nom : *De gueules à trois pals de vair, au chef d'or* (Catal p. 530) [1], écuyer, seigneur de la tour de Marconnay, branche cadette de l'antique maison de Chatillon dont elle porte aujourd'hui les armes pleines *(Fourmont)*, issue de Gauttier qui vivait dans le XIe siècle, et qui a compté aux croisades, d'après Roger, *La noblesse de France aux croisades*, Jean de Marconnay *(Charte d'Ascalon en 1240);* Geffroy de Marconnay, qui accompagna le frère de saint Louis en Egypte *(Charte de Damiette, 1249).* Elle a compté depuis Maximilien de Marconnay, chevalier de Saint-Jean de Jérusalem, reçu en 1578 *(Fourmont)*, Francois Levesque de Marconnay, reçu le 17 Juin 1632 et René de Marconnay de Cursay reçu le 28 Octobre 1660, dont les huit quartiers se trouvent aux pages 553 et 695 du manuscrit de la bibliothèque de l'Arsenal. Jeanne Chaperon eut en dot une somme de mille écus d'or, et renonça à tous ses droits sur la succession de ses père et mère, comme il appert de la quittance de cette somme du 9 Novembre 1445. *(Généalogie de Marconnay)*[2].

---

(1) **Catalogue des chevaliers de Saint-Jean de Jérusalem,** manuscrit de la bibliothèque de l'Arsenal.

(2) **Marconnay,** seigneurs de Cursay près *Mirebeau* sur les marches communes

5° Perrine CHAPERON fut mariée deux fois : 1° à Etienne Louet, famille qui a donné des chevaliers de Malte et des lieutenants-généraux de provinces et que Gillés Menage qualifie de « première famille patricienne de la ville d'Angers. » On conserve au musée Toussaint à Angers une pierre tumulaire sans inscription, sur laquelle on voit deux écus à l'antique. Celui du haut : *trois coquilles posées 2 et 1*, et celui du bas les mêmes pièces mais sur un champ de deux émaux c'est-à-dire *parti*. Ces armes sont celles des Louet : *D'azur à trois coquilles d'or posées 2 et 1*. (Andouys, i. p. 104 verso.) Il est probable que le tombeau que recouvrait cette dalle renfermait un Louet de la branche aînée, et une Louet, sa femme, de la branche cadette vu la partition de son écu, ce qu'on doit regarder comme une *brisure (Bonneserre)*. Elle épousa, par contrat passé devant L. Guesdon, notaire à Blaizon, le 12 mai 1479, Guillemine le Moulnier : *D'azur au chevron d'or, accompagné de trois meuniers d'argent*. (Cauvin, p. 135) [1], écuyer, et reçut en dot de son frère Bertrand Chaperon, écuyer, seigneur de Mercrin, deux quartiers de vigne sis au fief de Mescrin, dix livres tournois et quatre septiers de seigle, à cause de ses services du tems passé, qu'elle a demeuré avec lui au dit lieu de Mescrin (A.)

VI. Noble homme Bertrand CHAPERON, écuyer, fils aîné d'Auvergnais Chaperon et d'Anne de Valori rapportés ci-dessus, hérita des terres de la Lande-Chaperon, de Mescrin, de Ferrière,

de l'Anjou et du Poitou, seigneurs aussi de Morné, *se disant* descendus des anciens comtes de Blois : *De gueules à trois pals vairés d'or et d'argent*. — Arch. de M. et L. série E, dossier 3280. **Notes du feudiste Andouys.**

(1) **Cauvin.** Armorial de l'ancien diocèse du Mans.

etc. Il échangea le 28 Mai 1457 par contrat passé devant Leroux notaire à Saint-Almen, avec Guillaume de Buchesnes, deux quartiers de pré contre quatre écus d'or, une maison et dépendances, sises en la basse cour de Mescrin. Le 11 Décembre 1464 par devant Le Roy, notaire en la cour de Monte-Jehan, il acheta à Jehan Girard, sieur de la Rogelière et Marguerite de Tessé sa femme, six quartiers de pré joignant ledit lieu de Mescrin pour le prix de 62 écus neufs. A ce contrat assistait Louise de Ry, sa femme. Le 1er Septembre 1472, par contrat passé devant J. Goutin, notaire à Blaizon, il vendit à Jamet Aleau, paroissien de Saint-Jean de Mauveretz, une maison sise à Mescrin pour le prix de 25 sols tournois et deux poulets, le tout d'annuelle et perpétuelle rente. Il fut marié deux fois : 1° à Louise de Ry : *D'azur à l'aigle d'or* (Cauvin, p. 72) dont il eut deux fils. 2° vers 1472 à Marie d'Orvaux : *De sable, à la bande d'argent cotoyée de deux cotices d'or* (Andouys, p. 12, verso) dont il eut un fils et deux filles. Il mourut en Février 1498, laissant à ses enfants les seigneuries de la Lande-Chaperon, de Mescrin, de Ferrière, de Terrefort, etc. (A) Ses enfants furent :

1° Pierre CHAPERON, chevalier, seigneur de la Lande-Chaperon, fils aîné et héritier principal, partagea ses frères et sœurs par acte du mois de Février 1498. Le 29 Octobre, il présenta à l'évêque d'Angers, pour chapelain de la chapelle Sainte-Catherine relevant du fief de la Lande-Chaperon, messire Etienne Sicaud, prêtre, chapelain de la chapelle Saint-Léonard. L'acte de présentation porte sa signature et le sceau de ses armes, dont nous donnons ci-après les *fac-simile*. Il mourut

en 1499 sans descendance, et le fief de la Lande-Chaperon passa
à son frère François, seigneur de Mescrin (A).

2° FRANÇOIS CHAPERON, écuyer, seigneur de Mescrin, de la
Lande-Chaperon, de Ferrière, etc., présenta à l'évêque d'Angers le 22 Janvier 1500 pour chapelain de la chapelle Sainte-
Catherine, relevant de la Lande-Chaperon, messire Jean Le
Roux, prêtre, chapelain de N.-D. de Charruau. Le 1er Juillet
1501, il présenta, pour desservir la susdite chapelle, messire
Thomas Leroux, prêtre en l'église de Saint-Jean-des-Mauvretz.
Au bas : « les présentes lettres signées à ma requête du sceau
» manuel de noble homme Simon Davy, écuyer, seigneur
» de Chancelée, mon beau-père, et scellées du sceau de mes
» armes, le 1er Juillet 1501. » Le 8 Décembre 1500, habitant le
castel-fort de la Giraudière, près Mirebeau, il reçut de Mathurin Cachot, sergent ordinaire du Roi au baillage de Touraine, signification d'un jugement rendu contre lui par la sénéchaussée d'Angers à la requête de sa sœur Catherine, au
sujet des arrangements héritaux que leur frère aîné, Pierre

Chaperon, écuyer, avait faits avec elle. Le 15 Avril 1504, par devant Berard, notaire à Blaison, il bailla à rente à messire Emery Richoust, prêtre, le lieu de la *Batrie*, en la paroisse de Saint-Quentin-en-Mauge, laquelle baillée à rente, pour en payer par chacun an, douze boisseaux de seigle, un mouton de deux ans fait, un paquet de lin, deux chapons et 17 sols 6 deniers tournois. Il fut marié deux fois : 1º à N... Davy : *D'azur, au chevron d'or accompagné en chef de deux étoiles et en pointe d'un épi de blé de même* (Andouys, p. 54, verso), fille de noble homme Symon Davy, écuyer, seigneur de Chancelée, des seigneurs de la Jumellière. Il épousa en 1504 damoiselle Gillette du Vau : *Ecartelé aux 1 et 4 : d'argent fretté d'azur à six pièces ; aux 2 et 3 : d'argent à trois fleurs de lys d'azur posées 2 et 1* (Andouys) [1], à qui son frère aîné noble homme Jean du Vau, seigneur dudit lieu du Vau, paroisse de la Jumellière, donna 1050 livres tournois pour être mises en acquets, et que sur cette somme on devait prendre 700 livres tournois pour recouvrer la métairie de la *Chastaigneraie* [2], sise à *Chaulderon*, et le reste desdites 1050 livres, ledit seigneur de Mescrin les devait assigner sur tous ses biens. Mais par acte du 15 Février 1506 devant Bérard, notaire à Blaizon, il fut convenu que les immeubles précités ayant été vendus, ledit seigneur de Mescrin

---

(1) **Andouys.** — Notes générales classées au dossier du Vau des Archives d'Angers, série Æ, carton nº 2395.

En 1540 les du Vau tenaient à la foi et hommages des seigneurs de la Chaperonnière, depuis longtemps déjà, la métairie de La Lande et le bordage du domaine du Vau (Andouys, ibid.).

(2) **La Chastaigneraie,** paroisse de *Chaulderon* appartient à : Geoffroy Chaperon de la Chabocière — qui la donne à son fils Auvergnais Chaperon en 1422 — Bertrand Chaperon 1457-1498 — François Chaperon, arrière-petit fils dudit Geoffroy 1498. Il la vend en 1506 (A) — *Chaulderon* est une commune du canton de *Montrevault* arrondissement de *Cholet*. La Chastaigneraie appelée aujourd'hui *Grande-Chataigneraie*, dépend de cette commune dont elle est distante de 3 kil. et compte quatre maisons et 31 habitants,

pour garantir le douaire de sa femme, lui abandonnerait sa terre de la Lande-Chaperon pour sa vie durant. Le 18 Octobre 1511, Jean Theroued lui rendit aveu, pour vignes situées en la seigneurie de Mescrin. (A). Il donna le 28 Juillet 1511 déclaration de son lieu de la Touche, dépendant de sa terre de Mescrin, à la chapellenie des Biais, et sa descendance tombée en quenouille s'éteignit avec damoiselle Jacquette Chaperon, dame de Mescrin qui donna pareille déclaration le 18 Juin 1557. *(Thorode)* [1].

3° Bertrand CHAPERON, écuyer, mourut avant ses père et mère. En son vivant il avait vendu à un sieur Rateau et sa femme 20 livres de rente, que sa sœur Catherine eut par retrait à sa mort. (A.)

4° Catherine CHAPERON, dame de Cherves et de Terrefort, fut partagée par acte de Février 1498, par son frère aîné Pierre Chaperon, chevalier, qui lui bailla la seigneurie de Terrefort et dix livres de rente qu'il lui constitua sur ses héritages. A la mort du frère aîné, elle eut des contestations avec son frère François, quelle fit assigner devant la sénéchaussée d'Anjou, en vertu de lettres royales données à Paris, le 19 Janvier 1500. Elle mourut pendant l'instance qui, reprise le 11 Avril 1502, par son fils aîné Jean Hallidray, écuyer, seigneur de Cherves aboutit à une transaction qui confirma les arrangements héritaux qui avaient été faits, laissant la seigneurie de Terrefort à Jean Hallidray, ledit écuyer renonçant d'autre part aux dix livres tournois de rente qui avaient été convenus. Dans une « *lettre*

---

(1) **Mescrin**, paroisse de *Saint-Albin*, des Ponts-de-Cé, appartient à : Auvergnais Chaperon, seigneur de la Lande-Chaperon, 1440 — Bertrand Chaperon, son fils, 1457 — François Chaperon, 1498-1511 — damoiselle Jacquette Chaperon, dame de Mescrin, 1557. (A. — **Thorode**.)

» *de rellation.* » Mathurin Gachot, sergent ordinaire du
» Roi au baillage de Touraine, rend compte à Monseigneur le
» Sénéchal d'Anjou, que, chargé de signifier un jugement
» à noble homme François Chaperon, écuyer, seigneur de
» Mescrin, et à damoiselle Catherine Chaperon, puis d'appré-
» hender au corps, noble homme Jean Hallidray, écuyer,
» seigneur de Cherves et de la Giraudière, il s'est présenté au
» chastel-fort de la Giraudière près Mirebeau, espérant y
» trouver ces deux seigneurs, mais il n'y a rencontré que
» damoiselle Anne, femme du seigneur de la Giraudière, et
» damoiselle Catherine Chaperon, auxquelles dites il a baillé
» ajournement à comparoir à Angers, devant la juridiction
» du sénéchal. Et ce fut signifié à elles le 8e jour de Décembre
» de l'an 1501. » (A). Catherine Chaperon avait épousé
N... Hallidray, écuyer, fils de noble homme Jean Hallidray,
écuyer, seigneur de Cherves et de la Giraudière, et de damoiselle Anne, dont elle eut pour fils aîné Jean Hallidray, écuyer,
séigneur de Cherves et de Terrefort, lequel laissa un fils François
Hallidray, seigneur de Cherves[1] et de Terrefort, dont il est
parlé dans un aveu de 1534, rendu au Roi par François de
Blanquefort, baron de Mirebeau : « François Hallidray, seigneur
» de Cherves, tient à foi et hommage dudit Blanquefort, l'hôtel
» et seigneurie de Terrefort à quarante jours de garde, faisant à
» l'étroit besoin et aux loyaux aides et un droit de justice
» et juridiction haute, moyenne et basse. » *(Arch. de Poitiers).*

5° Noble damoiselle JEANNE CHAPERON, nommée dans l'acte
relatif à la succession, sur laquelle on n'a pas d'autres renseignements.

---

(1) **Cherves** est une des dix communes du canton de Mirebeau ; elle est
située à l'ouest du chef-lieu, et compte 1094 habitants. (Malte-Brun.)

§ V

Seigneurs de **Bourgneuf**, de **Ladelin**, du **Bois-Bourrelier**,
de la **Guerinière**, de **Gedaulx** et de **Morton**.

—

VI. Gilles CHAPERON est dit fils d'Auvergnais Chaperon,
chevalier, chambellan du roi Charles VII, rapporté au degré
V § IV dans les preuves de Gaspard Chaperon, chevalier de
Malte (voy. p. 20), dont il fut le cinquième aïeul. Il avait
épousé damoiselle Jeanne d'Escoubleau : *Parti d'azur et
gueules, à la bande d'or brochant* (catal., p. 530), des seigneurs de Sourdis, maison connue dès le XIIIe siècle et qui
tire son nom du fief d'Escoubleau, près Châtillon-sur-Sèvres,
en Poitou. Il eut :

VII. Jean CHAPERON, marié à Denyse de Saint-Jouyn :
D'azur, à un lion de sable armé et lampassé de gueules (catal.,
p. 530), est dit fils de Gilles Chaperon et de Jeanne d'Escoubleau dans les preuves de Malte de Gaspard Chaperon (voy.
p. 20), dont il était le quatrième aïeul. Les huit quartiers
d'Artus de Saint-Jouyn, chevalier de Malte, reçu en 1599,
diocèse d'Angers, se trouvent en la page 347 du manuscrit
de la bibliothèque de l'Arsenal. Jean Chaperon laissa :

VIII. André CHAPERON est dit fils de Jean Chaperon et
de Denyse Saint-Jouyn qui précèdent et le trisaïeul de Gaspard
Chaperon dans les preuves de Malte. Il eut de Perrette Lau-

rens : *D'or semé de fleurs de lys de gueules* (catal., p. 530),
sa femme :

IX. Jacques CHAPERON, écuyer, seigneur de Bourgneuf
et de Ladelin, dit dans les preuves de Malte citées, fils d'André
Chaperon et de Perrette Laurens qui précèdent ; il y est dit
aussi bisaïeul de Gaspard Chaperon et marié à Jacqueline
Boyvin : *D'argent à deux chevrons de sable* (catal., p. 530),
fille de Jean Boyvin, écuyer, seigneur de Montail et d'Isabeau
de la Tousche : *D'or au lion de sable couronné de gueules.* Il eut :

1° Jean CHAPERON qui suit ;

2° René CHAPERON (fils présumé), seigneur de Ladelin et du
Bois-Bourrelier, paroisse de Cuhon, marié à Marie Petit : *De
sable, à la bande chargée d'un lion de gueules* (Goujet, p. 142),
dame de la Roche de Viellemont, fille unique de Jacques Petit,
écuyer, seigneur desdits lieux, et de Marie Bernard. De ce
mariage sortit : N... Chaperon, écuyer, seigneur de Ladelin
qui épousa damoiselle N... de Beraudin : *D'azur à trois fasces
d'or et à trois besans de même, en chef* (De Chergé, t. i, p. 1987),
fille de N... de Beraudin, écuyer, des seigneurs de Pusay, élection
de Richelieu et de la Bourrelière relevant de la Haye, famille
dont l'origine remonte au XIVᵉ siècle, d'où vint : N... Chaperon,
écuyer, seigneur du Bois-Bourrelier, qui épousa damoiselle
N... de Tusseau : *D'argent à trois croissans montans de
gueules* (Gouget, p. 41), fille du seigneur de Farigny-Labit.
Leurs enfants existaient encore en 1664. *(Beauchet-Filleau).*
C'est peut-être parmi eux que l'on doit comprendre Louis Chaperon, écuyer, seigneur de la Guerrie (1651) et Jacques Chaperon, époux de Perrine Cheminard (1663) dont il a été parlé à
la page 12.

X. J<small>EAN</small> CHAPERON, écuyer, seigneur de Bourgneuf, demeurant au lieu noble de la Guérinière, paroisse de Massoigne, pays de Mirebalais, est dit dans les preuves de Gaspard Chaperòn, chevalier de Malte (voy. p. 20), fils de Jacques qui précède, aïeul dudit Gaspard, et être marié à Léonore des Rouziers : *D'argent, au chevron d'azur accompagné de trois boutons de rose de sinople fleuris de gueules (Catal.* p. 530), fille de Charles des Rouziers, écuyer, seigneur de la Guérinière, de Girnerie et de Châteauneuf, en Anjou, et de Gabrielle de Marconnay. Il parut comme procureur fondé de dame Louise de Lajaille, veuve de Jacques II de Marconnay, écuyer, par procuration du 25 Mai 1585, au contrat de mariage de Lancelot de Marconnay II du nom, fils de ladite dame et du feu sieur, avec Catherine de Chesneau, le 25 Mai 1585. *(Généal. de Marconnay).* Jean Chaperon eut de sa femme Léonore des Rouziers :

1° E<small>MEREND</small> CHAPERON, qui suit ;

2° H<small>ENIE</small> CHAPERON, écuyer, seigneur de la Guérinière, assistait comme cousin-germain du futur, au contrat de mariage de Louis de Marconnay avec Marie Gourgeault, le 10 Mai 1621. *(Généal. de Marconnay.)*

3° J<small>ULIEN</small> CHAPERON, signe comme parrain le 23 Avril 1616, l'acte de baptême de Jean-Blanche de Monduit (fils présumé), auteur de la branche de Guienne, dont la généalogie extraite des paroissiaux de l'église de Saint-Jean-Baptiste conservés aux archives de Libourne, *extraits certifiés conformes aux actes* [1] par l'archiviste E. Burgade, sera rapportée au § VI. Sa descendance à Bordeaux a été dressée sur les actes.

XI. Emerend CHAPERON, seigneur de Bourgneuf, est dit père de Gaspard Chaperon, chevalier de Malte, dans les preuves citées, et mari de Jeanne des Aubus : *D'azur à trois pots à deux anses d'or (Catal.* p. 530), fille d'Annibal des Aubus, écuyer, seigneur de Morton, et d'Elizabeth de Fougères : *De gueules à trois lambeaux d'or* (Catal. p. 530). Il en eût :

1° Sénébaud CHAPERON, écuyer, seigneur de Bourgneuf, de Morton et de Gedaulx, demeurant en la maison noble de Serraux, paroisse de Basse près Loudun, assista comme parent au contrat de mariage de Madeleine de Marconnay, le 11 Avril 1615 *(Généal. de Marconnay).* C'est le seul Chaperon que Trincant qui écrivait en 1638, dit avoir connu. Il portait ses armes pleines.

2° Gaspard CHAPERON de BOURGNEUF, qui fut reçu chevalier de Malte, diocèse de Poitiers, le 24 Avril 1629, et dont les huit quartiers sont en la page 530 du manuscrit de la bibliothèque de l'Arsenal. Il est inscrit dans l'armorial de Bretagne de Courcy, t. III, p. 118, au nombre des chevaliers de Saint-Jean-de-Jérusalem « *appartenant à la Bretagne.* »

3° N... CHAPERON (fils présumé), auteur des Chaperon actuels de l'Aunis, dont il sera parlé au paragraphe VI

---

(1) **Etat Civil.** « L'état civil comme nous le voyons fonctionner est très-moderne ; il date de 1792. Avant cette époque, il était exclusivement confié au clergé qui dans chaque paroisse devait tenir des registres appelés *registres curiaux,* sur lesquels on inscrivait les baptêmes, les bénédictions nuptiales et les services funèbres. L'extrait certifié conforme de ces registres servait d'acte authentique et faisait loi. » **Maxime du Camp.** *L'Etat Civil de Paris.*

§ VI

Seigneurs **de Terrefort, de Lataste,** de Saint-Julien, de Laprade, de **Lavie, de Laroque, de Lartigue,** de Saint-Médard, de Salles, de **Bonoas, de Galateau,** barons de Beautiran, d'Aigues-Mortes, de **Macau, de, Ludon, de Cantemerle, de Mestarieu,** de Tustal, de **Calamiac et de Jos,** que les traditions de famille rattachent aux précéden ts.

GUIENNE.

XI. Julien CHAPERON, auteur de la branche de Guienne, fils présumé de Jean Chaperon et de Léonore des Rouziers, formant le degré X § V, signe comme parrain le 23 Avril 1616, l'acte de baptême de Julien, fils de Jean Blanche de Monduit. Il avait un frère, Arnaud Chaperon, trésorier de Libourne en 1602, jurat en 1616, qui n'eut de sa femme, Anne de Brondeau [1] : *D'argent au chevron de gueules accompagné en pointe d'un lion passant, de même, au chef d'azur chargé de trois quinte-feuilles d'argent* (Ogilvy, t. ii, p. 443), qu'un fils Arnaud, décédé en venant au monde, mourut lui-même en 1616 et fut enterré aux cordeliers, et une sœur, Bonne Chaperon, qui signe comme marraine le 22 Décembre 1616 l'acte de

---

(1) **Brondeau** (de). Les registres de jurade de Libourne mentionnent cette famille parmi les plus importantes de la localité dès l'an 1587. Une de ses branches dont les représentants étaient titrés comtes sur tous les actes publics et les brevets avant la révolution, a ajouté à son nom et à ses armes ceux de l'ancienne maison d'Urtières, en Savoie, et avait écartelé les armes de Brondeau de celles d'Urtières, qui sont : *Barré d'or et de gueules de 6 pièces à la bande losangée de l'une en l'autre, brochante sur le tout.* (Ogilvy. t. ii, p. 443).

6

baptême d'Hilaire, fils de François Marie et de Marguerite Point, et était le 1er Novembre 1623 l'épouse de François de Piffon [1] : *D'argent à trois molettes de sable* (Arm. 1696. Guienne, p. 105). Il apporte en Guienne les traditions des Chaperon de Bretagne qui s'y continuent. Il donne à son fils aîné le nom de *Jean*, ce nom que depuis dès avant 1351, la famille Chaperon perpétue. Les auteurs consacrent son origine bretonne [2]. Ayant un fils, greffier en chef des présentations à la Cour des Aydes de Guienne et au même moment (1630-1640) un fils capitaine dans le régiment du marquis de Montausier, gouverneur de La Rochelle, il ne pouvait appartenir qu'à un pays qui fût d'abord compris dans la juridiction du Parlement de Guienne et de plus se trouvât en même temps compris dans le gouvernement militaire de La Rochelle. L'Aunis est le seul pays qui pouvait satisfaire à ces

---

(1) **Piffon** (de). *Histoire de Libourne*, t. i, p. 123, 196, 197, 230, 246, 335. — Ecuyer à Libourne, capitation noble 1758 — François, auditeur au siège des comptes en la justice ordinaire et royale de Libourne, le 23 Octobre 1632. — Jean, jurat et député de Bordeaux, anobli par lettres données à Paris en Mai 1716, registrées le 3 Juillet, maire de Libourne en Juillet 1692. — Jean, bourgeois de Libourne fit enregistrer les armoiries que nous avons décrites. — Jean, bourgmestre et premier consul de la bonne commune de Bordeaux, portait : *De gueules, à une fontaine jaillissante d'argent senestrée d'un lion d'or, au chef chargé de trois étoiles d'or* (Arm. 1696, Guienne, p. 123).

(2) **Arnaud Chaperon**, 1602. On trouve cet Arnaud Chaperon trésorier de la ville en 1602, ce qui prouve que dès le XVIe siècle cette famille jouissait à Libourne du droit de bourgeoisie. Elle est dit-on **originaire de Bretagne**. (**Burgade**. *Histoire de l'hôpital de Libourne. p. 61.*)

Arnaud Chaperon 1657. Le maire Arnaud Chaperon **était un breton** qui s'était retiré depuis quelques années à Libourne où il avait pris des lettres de bourgeoisie. **Souffrain**, *Essais historiques sur la ville de Libourne* (t. iii, p. 10).

Acte de notoriété. On conserve en l'étude de Me Lewden, notaire à Libourne, un acte de notoriété qui constate que la famille Chaperon, dont avant 1602, on ne trouve nulle trace à Libourne, y a toujours été dite **originaire de Bretagne**.

deux conditions absolues [1]. Julien appartenait à l'Aunis et ne pouvait venir que de ce pays ravagé par les guerres religieuses ou se trouvaient à cette époque transplantés les Chaperon de Bretagne (*Voy. p. 57*); c'est en effet en Aunis seulement qu'on a pu retrouver des actes de naissance antérieurs à ceux que l'on trouve à Libourne qui ne remontent qu'à 1644 tandis que ceux de La Rochelle remontent à 1566 (*voy. p. 13*). L'histoire constate les émigrations considérables provoquées en Aunis par les ruines sans nombre accumulées dans cette malheureuse province par les guerres religieuses [2]. Elle constate aussi la venue en Guienne d'un nombre considérable de familles attirées par la présence du Parlement et de la Cour des Aydes [3]. Il suffit de jeter les yeux sur le premier volume de *Nobiliaire de Guienne* par exemple, pour voir que sur quarante-cinq familles qu'il décrit, huit seulement sont originaires de la Guienne, les trente-sept autres revendiquent une origine étrangère à cette province. C'est à ce double courant, pensons-nous, que l'on doit attribuer la venue de cette branche en Guienne.

---

(1) **Parlement de Guienne.** La juridiction de ce Parlement s'étendait sur les quatre généralités de *Bordeaux*, d'*Auch*, de *Limoges* et de **La Rochelle**, divisées en treize présidiaux, **La Roque et Barthélemy.** Catalogue des gentilshommes de Guienne, p. 3.

(2) « C'est au milieu de *cités ravagées* par les troupes de Montmorency, parmi » les *Hôtels de ville démolis*, sur la cendre des *chartes municipales brûlées*, qu'ap-
» parurent les premiers propagateurs de la foi religieuse. La foi protestante » s'enflamma de toutes les passions politiques, la guerre fut ouvertement décla-
» rée, les *Eglises pillées et profanées*. C'est surtout dans l'histoire particulière des » villes dont beaucoup *devenues désertes, entourées de terres en friche*, qu'on » suit les péripéties de ces luttes acharnées, qui de 1550, se prolongèrent jusqu'à » la prise de La Rochelle, par Richelieu en 1628. » **Malte-Brun.**

(3) La Cour des Aydes de Guienne fut transférée à Libourne en 1634. (*Lettre du roi Louis XIII du 22 Novembre.*)

Julien Chaperon a laissé trois fils qui signent ensemble le 11 Juillet 1642, l'acte de baptême de Sulpice, fils de Jean Chaperon, greffier en chef des présentations à la Cour des Aydes de Guienne, et de Catherine Hervou. Parrain : Noble **Arnaud Chaperon**, [1] capitaine. Ces trois fils furent :

1° Jean CHAPERON, qui suit ;

2° Arnaud CHAPERON, tige de la branche de Terrefort, dont la généalogie sera rapportée au § VII ;

3° Arnaud CHAPERON, dont la filiation sera donnée au § VIII.

XII. Jean CHAPERON, fils aîné de Julien, conseiller du Roi, pourvu avant 1646 de la charge de greffier en chef des présentations en la Cour des Aydes de Guienne, mourut dans l'exercice de sa charge l'an 1659. Il avait épousé avant 1642, Catherine Hervou, damoiselle qui, le 19 Janvier 1668, fut marraine de Marie-Anne, fille de Jacques Chaperon, greffier en chef, et de Marguerite Couvrat, laquelle eut pour parrain noble Pierre Ferrand, conseiller-secrétaire du Roi, en la chancellerie près la Cour des Aydes de Guienne son oncle, mari de Jacquette Couvrat, sœur de Marguerite. Elle agissait pour et au nom de Marie-Anne Hervou sa sœur, habitante de Quimper en Bretagne, qui imposa le nom à la baptisée. Jean Chaperon eut de ce mariage :

---

(1) Les qualifications nobiliaires n'étaient pas partout les mêmes. La qualité de *Chevalier* et d'*Ecuyer* était entièrement caractéristique de noblesse dans tout le royaume, celle de *Noble* dans les provinces de Flandre, Hainaut, Franche-Comté, Lyonnais, Chesles, Bugey, Dauphiné, Provence, Languedoc et Roussillon, et dans *l'étendue des Parlements de Toulouse, Bordeaux et Pau*. Celle de *Noble homme* en Normandie seulement. (Cherin. — Maigne p. 389.)

1° Jacques CHAPERON, qui suit :

2° Jean CHAPERON, conseiller au présidential, né en 1644, maire de Libourne en 1711 et 1714. L'armorial de France lui assigne les armes que nous avons décrites à la page 18. Elles n'indiquent que sa qualité de conseiller au présidial sans désignation de prénom. Il avait épousé, le 20 Novembre 1670, Françoise de Belliquet : *Parti au 1 : d'argent à un aigle au vol abaissé de sable, au 2 : d'azur à un lion d'or, et un chef de gueules chargé de trois étoiles d'or brochant sur le parti* (Ar. 1696. Guienne, p. 146), des sieurs de la Gastaudie et autres lieux, fille de Jean Belliquet, maire de Libourne en 1653 et de Catherine Cassaigne : *D'argent à un chêne terrassé de sinople* (Ar. 1696. Guienne, p. 5)[1], famille qui a donné un secrétaire du Roi, maison et couronne de France, Bernard Cassaigne, écuyer, contrôleur en la chancellerie des Aydes et Finances de Guienne en 1698. Il eut de ce mariage un fils unique, Jean Chaperon, né le 2 novembre 1685, sans descendance. Il fit son testament le 10 Septembre 1738, étant âgé de 93 ans et 9 mois. Il prescrivait sa sépulture en l'église des révérends pères cordeliers, dans ses tombeaux, situés dans le sanctuaire du grand autel, où se chantait l'évangile, et joignant le tombeau de dame Françoise de Belliquet, son épouse ; fit divers legs : aux révérends pères cordeliers, aux révérends pères récollets, à la confrérie de Saint-Nicolas, à l'hôpital de Libourne, à Catherine Chantié, à Gentille Bernard, désignant pour héritière universelle, sa nièce Catherine Chaperon, épouse Montboucher, fille de son neveu Jean Chaperon, à qui il laissait seulement l'usufruit de deux tierces parts, et nommant pour exécuteur testamentaire, Antoine Montboucher.

[1] Arnaud Cassaigne, capitaine de quartier à Libourne portait : *D'argent à trois cors de chasse de sable* (Ibid. p. 1056).

Ce testament, clos et lacé d'un ruban noir, scellé de ses armes, fut déposé chez Baltar, notaire royal, le 1er Avril 1737, et ouvert à sa mort, le 20 Octobre de la même année.

3, 4, 5, SULPICE, ELÉONORE et JEAN CHAPERON, morts sans postérité.

XIII. JACQUES CHAPERON, conseiller du Roi, greffier en chef des présentations en la Cour des Aydes de Guienne, succéda en 1659, à la charge de son père, décédé dans la même année. Il avait épousé Marguerite Couvrat, demoiselle, née le 1er Septembre 1643, fille de Pierre Couvrat, maire en 1659, et de Catherine Gontier : *D'azur à une fasce d'or chargée d'une hure de sanglier de sable accompagnée de trois croissans d'argent, deux en chef et un en pointe.* (Ar. 1696. Guienne, p. 805) [1]. La famille Gontier a donné des maires à Libourne, en 1312, 1554, 1561, 1571. Raymond Gontier, fut le premier maire élu à Libourne, lorsque le droit de mairie fut restitué à la ville par lettres patentes d'Edouard II, roi d'Angleterre, duc de Guienne, *données le 3 Juin 1312 à Condat-les-Libourne*[2]. (Souffrain, t. 1, p. 64). Marc-Antoine Gontier était secrétaire du Roi en la cour des Aydes de Guienne,

---

(1) Pierre Gontier, sieur de Biran, conseiller du Roi, maire perpétuel de la ville de Bergerac, portait : *D'or à une fasce d'azur chargée d'une étoile d'or et accompagnée de trois hures de sanglier arrachées de sable défendues d'argent deux en chef et une en pointe.* (Ar. 1696. Guienne, p. 875.)

(2) **Condat** doit son nom à l'existence du Château du comte Guillaume-le-Conquérant, dont la fille Eléonore, duchesse de Guienne, épousa en secondes, en 1152, Henri de Plantagenet, comte d'Anjou, qui, par la mort d'Etienne, fut couronné roi d'Angleterre, le 22 Décembre 1155. C'était la résidence des ducs de Guienne, lorsqu'ils venaient de Libourne. La duchesse de Guienne prenait le nom de *dame de Condat.* (Souffrain, t. 1. 64.)

quand il déclara les armoiries que nous rapportons. Jacques Chaperon eut de ce mariage :

1° PIERRE CHAPERON, né le 17 Novembre 1662, sans postérité.

2° JEAN CHAPERON, qui suit ;

3° FRANÇOISE CHAPERON et quatre autres fils du nom de *Jean,* morts sans descendance.

XIV. JEAN CHAPERON, conseiller du Roi, né le 22 Avril 1664, fut doyen au présidial. Il avait épousé Thérèse de Ferrand : *D'or à trois arbres de sinople rangés sur une terrasse de même* (Ar 1696. Guienne, p. 806) [1], famille qui, de 1573 à 1631, a donné sept maires à Libourne, parmi lesquels on compte Sauvat de Ferrand, 1584-1591. Il eut de son mariage avec elle une fille unique, Catherine Chaperon, conjointe à Antoine Montboucher, qui fut l'héritière universelle de son grand oncle Jean Chaperon, conseiller au présidial, époux de Françoise Belliquet. Elle légua par testament du 12 Novembre 1762, sa fortune à son époux et était morte le 13 Mai 1776. Branche éteinte avec cette génération. *Sur douze mâles qu'elle avait donnés, neuf portèrent le nom de Jean.*

La famille *Chaperon de la Rochelle (voyez p. 7)* conserve aussi par tradition le nom de *Jean* que les dernières géné-rations se transmettent encore de père en fils. Elle a pour auteur connu, *Jean Chaperon,* né en 1642, inhumé à *Marsais,* le 11 Septembre 1722. Son fils Jean et son petit-fils Jean,

(1) Gabriel Ferrand, écuyer, seigneur de Veisanne et de Montastout : *D'azur à trois bandes d'or* (ibid. p. 460.) — N... Ferrand, bourgeois de Bordeaux : *De gueules à trois besans d'or,* 2, 1 (ibid. p. 1028).

assistèrent à son enterrement. Son petit-fils, *Jean Chaperon*, marié à dame Marie Baudon, eut : 1° CHARLES, établi à *Bourgneuf, paroisse de Marsais*, baptisé le 23 mars 1723, qui eut pour parrain, Jean Chaperon, et pour marraine, dame Charlotte Laurens [1], et a continué la filiation ; 2° MARIE-SUZANNE, baptisée le 7 Septembre 1719, qui eut pour parrain, Antoine Blouin, seigneur de Marsais [2], et pour marraine, delle Marie de la Croix [3] ; 3° MADELEINE, baptisée le 23 Février 1721, qui eut pour parrain, maître Prosper de la Croix, écuyer et élève tonsuré, et pour marraine, damoiselle Thérèse de la Croix, demoiselle du Breuil. L'auteur de ce rameau étant né en 1642 avait pour père un contemporain de Senebaud Chaperon seigneur de Bourgneuf, et de Gaspard Chaperon de Bourgneuf chevalier de Malte. *(Voy. p. 84).* Ils habitaient tous trois le même lieu ; ils avaient les mêmes traditions. Comme lui, les Chaperon de Bourgneuf perpétuaient le nom de *Jean :* Jean I, Jean II dans la branche aînée ; Jean I, Jean II, Jean III, Jean IV qui était le frère aîné de Sybille, dans la branche cadette. Il pouvait donc être comme eux, fils d'Emerend Chaperon et de Jeanne des Aubus, formant le degré XI, comme nous l'avons supposé. A défaut, il devait être le fils d'un Chaperon de l'Aunis de la même génération.

---

(1) **Laurens.** On trouve une Perrette *Laurens*, femme d'André Chaperon, trisaïeul de Gaspard Chaperon, chevalier de Malte. *(Voy. p. 81.)*

(2) **Marsais.** Le seigneur de Marsais était en 1529, Janot de Monléon, beau-frère de Sybille Chaperon. Il fut parrain le 3 Juillet de cette année de Janot Chasteigner qui eut pour marraine Sybille Chaperon, son aïeule. *(Voy. p. 62.)*

(3) **De la Croix.** On trouve en 1421, une Jeanne *de la Croix* qui fut présente u testament de Lucette Pelaud, dame de la Chaperonnière. *(Voy. p. 26.)*

§ VII

DEUXIÈME BRANCHE

—

XII Noble ARNAUD CHAPERON, deuxième fils de Julien, rapporté au degré XI,§ VI, capitaine au régiment de Montausier : en Aunis après 1627, et en Guienne avant 1641 ; maire de Libourne [1] en 1657 et en 1663, qualifié *noble* dans les paroissiaux [2]. C'est lui qui reçut et harangua Mazarin, lors du passage de ce grand ministre à Libourne, le 13 Juillet 1659. « *Le maire Arnaud Chaperon était un breton* [3] qui » s'était retiré depuis quelques années à Libourne où il avait

---

(1) Le maire de Libourne avait rang de comte. Il était élu pour deux ans. Pour être maire il fallait être bourgeois de la ville. Nul noble, s'il n'avait cette qualité, ne pouvait prétendre à exercer cette charge municipale. (Guinodie. *Histoire de Libourne*).

(2) Actes de naissance d'*Arnaud de Pemicault* 17 Janvier 1641. — *Sulpice Chaperon*, 11 Juillet 1642. — *Catherine Chaperon*, 1er Octobre 1643. — *Jean Chaperon*, 18 Janvier 1668.

(3) Arnaud Chaperon était *breton* parce qu'il appartenait aux Chaperon de l'Aunis *originaires de Bretagne* et pour nul autre motif puisque ses auteurs immédiats habitaient l'Aunis et non la Bretagne. C'est ainsi que dans l'*Armorial de Bretagne*, de Courcy, Gaspard Chaperon, contemporain d'Arnaud, est inscrit (t. III, p. 17), au nombre des chevaliers de Malte *appartenant à la Bretagne*, bien qu'il fut du diocèse de Poitiers et que ses auteurs immédiats fussent en Aunis ; mais il appartenait à la Bretagne parce qu'il appartenait aux Chaperon de l'Aunis qui pouvaient prouver qu'un de leurs ancêtres, Rolland Chaperon, chevalier, habitait Savenières paroisse d'Anetz en Bretagne, lors de la réformation de 1437, c'est-à-dire deux cents ans auparavant (Voy. p. 16). Si Gaspard était venu à Libourne, Souffrain aurait dit de lui ce qu'il a dit d'Arnaud : **Gaspard Chaperon était un breton**. Si Arnaud Chaperon, au lieu d'être capitaine au régiment de Montausier, avait été chevalier de Malte, il aurait été inscrit dans l'*Armorial* de Courcy au nombre des chevaliers **appartenant à la Bretagne**. Ils appartenaient en effet tous deux à la Bretagne au même titre.

» pris des lettres de bourgeoisie. Il était fort estimé, mais il
» paraît qu'il avait une tête chaude qui lui attira plusieurs
» fois des affaires désagréables. En 1664, bravant les arrêts
» du conseil et les ordres du Roi relatifs à l'expulsion des
» Capucins qui s'étaient emparés de la chapelle de Condat au
» préjudice des Recollets, il fut décrété d'ajournement par le
» Parlement, interdit le 28 Août et assigné pour comparaître
» en personne au Conseil du Roi. N'ayant pas comparu, il y
» eut l'ordre de l'arrêter et de le traduire au fort l'Evêque à
» Paris, mais à la protection d'Henri de Béthume, arche-
» vêque de Bordeaux et autres personnes de qualité, il fut
» pardonné par le Roi et rétabli par un arrêt du Conseil
» d'Etat du 7 Novembre suivant. » *(Souffrain 1806)*. Il avait
épousé avant 1642 Isabeau Dexmier : *D'argent à une croix
ancrée de gueules*. (Ar. 1696, La Rochelle, p. 333), damoiselle,
née le 17 Mars 1816, fille de Jean et de Marguerite Teissenier.
Il était mort en 1668, car Isabeau Dexmier agissait comme
veuve le 18 Janvier de ladite année. Il avait eu de ce mariage :

1° Pierre CHAPERON, né le 16 Novembre 1650, mort jeune
   sans alliance.

2° Jean CHAPERON qui suit ;

3° Catherine CHAPERON, née le 1er Octobre 1643, mariée en
   1669 à Jean de Berliquet, conseiller du Roi.

4° Jeanne CHAPERON, née en 1644, alliée à Jean de Clémenceau : *De gueules à un léopard d'argent*. (Ar. 1696.
   Poitiers, p. 206). Elle signe comme marraine le 12 Juillet 1702,
   en l'église paroissiale de Saint-André, de Bordeaux, l'acte de

baptême de Jeanne Chaperon, fille de Jean Chaperon de Terrefort, son neveu, et de dame Jeanne de Rives. Elle eut : 1° Jean de Clémenceau signe comme parent le 8 Octobre 1723 dans la chapelle domestique de Terrefort, l'acte de mariage de Jeanne de Chaperon avec messire François-Joseph de Rolland ; 2° Marie Clémenceau qui eut pour parrain Jean de Berliquet son oncle ; 3° Jeanne de Clémenceau mariée à N... Bareyre : *De gueules à trois aigles d'or* (Ar. 1696. Guienne, p. 1037), bourgeois de Bordeaux, dont elle eut un fils N... Bareyre qui était avocat à la Cour de Bordeaux en 1746.

5° Françoise CHAPERON, née en 1649, épousa le 6 Août 1675, Jean de Belliquet *(voy. Belliquet, p. 89)*, jurat, dont le père Jean de Belliquet était maire de Libourne en 1653, et avait logé dans sa maison le 1er Août 1650, le roi Louis XIV, la reine et Mazarin. « En considération de ce que leurs Majestés avaient » logé dans sa maison, et aussi pour les agréables services » rendus par la famille dans les mouvements de cette époque, » le Roi avait accordé un brevet de sauvegarde et panonceaux » audit Jean de Belliquet, à Etienne de Belliquet [1] et autres Jean » de Belliquet frères. Il paraît avoir été donné à Libourne le » 28 Août 1650. » (Souffrain, t. III, p. 34.) Jean de Belliquet, mari de Françoise Chaperon, était frère de Françoise de Belliquet qui avait épousé en 1670 Jean Chaperon conseiller au présidial.

6° Louise CHAPERON, alliée à Jacques Petit : *De sinople à trois macles d'argent.* (Ar. 1966, Guienne, p. 1089), bourgeois de Libourne.

---

(1) Etienne de Belliquet portait : *De gueules à un chevron d'argent accompagné en chef de deux tourterelles de même et en pointe d'un aigle d'or soutenu d'un croissant d'argent.* (Ar. 1696. Guienne, p. 910.)

XIII Jean CHAPERON, de Terrefort, 1ᵉʳ du nom, seigneur de Terrefort, fut parrain le 1ᵉʳ Janvier 1664 de Catherine de May. Son père a signé au registre : *Pour mon fils Jean Chaperon, parrain :* Chaperon, capitaine et ancien maire. Le 18 Juillet 1683 agissant à Libourne pour et au nom d'Isabeau Dexmier sa mère veuve, il vendit à Jean Chaperon, conseiller du Roi par acte passé chez Roy, notaire, deux journaux de terre sis en la palue d'Arveyres. Il est qualifié bourgeois de Bordeaux, dans un arrêt concernant les enfants d'Arnaud Chaperon, capitaine, et d'Isabeau Dexmier, arrêt rendu par le sénéchal de Libourne, le 12 Septembre 1699. Vers 1701, habitant en la paroisse de Saint-André, de Bordeaux, il maria son fils unique Jean, à dame Jeanne de Rives, de la paroisse de Saint-Projet, et acheta en 1708, au sieur de Fayet le fief de Terrefort, restituant ainsi aux Chaperon de l'Aunis devenus Chaperon de Guienne le nom de Terrefort qui avait, dès 1440, été celui d'Auvergnais Chaperon, chambellan du roi Charles VII. Le 8 Octobre 1723, dans l'acte de mariage de sa petite fille Jeanne Chaperon avec messire François-Joseph de Rolland, mariage célébré dans sa chapelle domestique, il est appelé *Chaperon de Terrefort.* L'armorial de France (Guienne, p. 145), lui assigne pour armes : *D'azur à un faucon d'argent chaperonné d'or.* Mais la vaisselle d'argent conservée dans sa descendance directe est marquée aux armoiries de la branche aînée que nous avons décrites à la page 18. Le fait de la dissemblance des armes dans les divers rameaux d'une même famille est un fait qui a été très-fréquemment répété à l'armorial de 1696 et il faut ne connaître ni ledit *armorial* ni les conditions dans lesquelles il a été établi pour attacher la plus légère importance à ce détail que les exemples les plus nombreux constatent être absolument sans valeur. Nous reviendrons sur ce point à l'article de Marie de Chaperon épouse de messire Guillaume-Joseph de Saige. En conséquence de lettres de chancellerie par lui obtenues, signées en conseil le 16 Mai 1708 et scellées ; le 18 du même mois il fit et rendit foi, hommage et fidélité au roi Louis XIV, roi de France et de Navarre, pour raison de la maison noble de Terrefort [1] paroisse de Cubzac, consistant en un château, bois de haute futaie, cens, rentes agrières et autres, ses appartenances et dépendances, relevant de Sa Majesté à cause de son duché de Guienne : et après avoir promis et juré sur les saints Evangiles, d'être bon et fidèle sujet et vassal du Roi, ainsi qu'il est porté dans les chapitres de fidélité vieux et nouveaux, et de satisfaire à toutes les obligations auxquelles sont tenus les vassaux de Sa Majesté, de payer tous les droits et devoirs seigneuriaux qui pourraient être dus, sous lesquelles obligations il fut investi de ladite maison noble et fiefs, à la charge d'en fournir son aveu et dénombrement dans les quarante jours portés par

---

(1) **Terrefort**, paroisse de *Cubzac*. Ce fief relevait du Roi. Il appartient à : Bail à fief nouveau N... Achard, seigneur de Terrefort, 1493. — Noble François Achard, écuyer 1514.—Noble homme Gaston Achard, 1524.—Noble Raymond de Baritaud, gentilhomme ordinaire de la chambre du Roi, 1636. — Jean Gueyrosse, conseiller du Roi en la cours Aydes, 1646. Le même seigneur a fourni le dénombrement en 1657. — De Fayet, possesseur suivant, vend ladite seigneurie à **Jean I Chaperon**, 1708. — **Jean II Chaperon**, 1716. — **Mare de Chaperon**, 1753. — François-Joseph **Chaperon de Terrefort**, 1771. — Julien Amédée de la Faurie de Monbadon, par son mariage avec Rose-Michelle **Chaperon de Terrefort**, 1805, 1841. — La terre et le château, appartiennent aujourd'hui par héritage à Laurent-Just, baron de Malet, petit fils de Rose-Michelle Chaperon de Terrefort, Comtesse de Monbadon. (*Achives de Bordeaux. — Actes*).

l'ordonnance. *(Archives de Bordeaux.)* On ne connaît pas ses alliances, il a laissé un fils unique, Jean Chaperon qui suit:

XIV. Messire Jean CHAPERON de TERREFORT, II du nom, écuyer, seigneur de Terrefort, contrôleur du greffier-gardes-minutes, en la chancellerie près la Cour du Parlement de Bordeaux. Du vivant de son père, en 1716, il lui avait succédé dans la possession du fief de Terrefort, et le 27 Juillet de cette année il rendit les foi et hommage qu'il était tenu de faire au roi Louis XV, roi de France et de Navarre, pour raison de ladite maison noble. Pourvu de l'office de secrétaire du Roi maison et couronne de France, audiencer en la chancellerie près la Cour des Aydes de Guienne, par lettres de provisions données à Versailles le 30 Mars 1730 signées sur le repli par le Roi : Robinot. Il succédait au sieur André Dallenet qui s'était volontairement démis en sa faveur par procuration *ad resignandum* du 23 Décembre précédent *(Arch. de Bordeaux)*. Il eut pour successeur, le sieur Pierre Mirambel, prévôt de la ville et prévoté de Bazas auquel, à sa mort advenue en 1752, son fils vendit sa charge de secrétaire du Roi par acte du 15 Novembre 1752 [1]. Il avait épousé vers 1701, dame Jeanne de Rives : *D'azur à trois rivières d'argent en fasces l'une sur l'autre, au chef cousu de gueules chargé de trois étoiles d'or* (Ar. 1696: Guienne, p. 685), de la paroisse de Saint-Projet. De ce mariage, il procréa :

1° Marc de CHAPERON qui suit ;

(1) Cabinet de M. J. de Bourrousse de Laffore.

2° J<small>EANNE DE</small> CHAPERON, née le 12 Juillet 1702, fut baptisée en l'église paroissiale de Saint-André de Bordeaux, et eut pour parrain Dominique d'Alby, et pour marraine Jeanne Chaperon, sa tante, épouse de Jean Clémenceau. Mariée le 8 Septembre 1723 à messire François-Joseph de Rolland : *D'azur au lion d'or couronné d'hermine, armé, lampassé et floqué de gueules,* qui est de Rolland du Pont ; *brisé d'une bordure d'argent* (Ogilvy, t. I, p. 317), fille de Joseph et de Marguerite Boucaud, chevalier, seigneur de La Roque, de Villenave et autres lieux, conseiller du Roi en ses conseils, président en la cour des Aydes et Finances de Guienne. Elle reçut la bénédiction nuptiale dans la chapelle domestique de Terrefort suivant la permission de M. Despujols, vicaire-général, en présence de Jean de Chaperon son père, delle Jeanne de Rives de Chaperon, sa mère, Marc de Chaperon, son frère, Marie de Chaperon, sa sœur, Jean de Clémenceau, delle Catherine Croisier qui ont signé au registre avec le curé de Cubzac, Deriex. Par acte du 13 Mai 1778, Duprat, notaire à Bordeaux, elle fit cession de ses droits comme *héritière coutumière* de sa cousine feue Catherine Chaperon, épouse Montboucher, petite nièce et héritière universelle de Jean Chaperon, conseiller au présidial. De son mariage avec François-Joseph de Rolland, elle eut plusieurs enfants morts en bas âge et un fils aîné Jean-François de Rolland qui suit :

Messire J<small>EAN-</small>F<small>RANÇOIS DE</small> ROLLAND, chevalier, seigneur de La Roque, de Villenave, de La Marque et autres lieux, né le 11 Janvier 1725, fut pourvu de l'office de conseiller-*lay* au Parlement de Bordeaux, le 25 Février 1765 ; reçu le 15 Juillet suivant, se démit en faveur de Guillaume-Joseph de Caseaux, qui fut reçu à sa place le 25 Juillet 1766. Nommé président de la seconde chambre des enquêtes le 20 Août 1766, il fut reçu dans cet office le 17 Novembre suivant, et l'exerça jusqu'au 15 Février 1785. Le 9 Juin 1785 et le 19 Juillet suivant, il fut nommé conseiller aux conseils du Roi, président à mortier du Parlement de Bordeaux. Il obtint des lettres de président-honoraire, données à Versailles, le 20 Novembre 1784, registrées le 17 Février 1785; assista en 1789 à l'Assemblée de la noblesse de Bordeaux, avec Pierre, chevalier de Rolland, et François-Baptiste de Rolland, chevalier de Saint-Louis et ancien capitaine de cavalerie, et périt sur l'échafaud révolutionnaire en 1794. « L'activité de son génie et la droiture de son jugement, » dit le chevalier de Courcelles, le mirent fréquemment » en rapport avec les premiers magistrats de la province, » qui, dans plusieurs occasions, notamment en 1770, 1775 » et 1788, lui durent les moyens de prévenir des fléaux » que les circonstances faisaient appréhender par la ville » de Bordeaux. La considération qu'il s'était acquise, et » sa fortune, ne le mirent pas moins à même de procurer » aux malheureux des campagnes voisines le soulagement » et tous les genres de secours, que les rigueurs des saisons » ou des événements fortuits ne rendaient que trop » souvent nécessaires. » Il avait épousé dame Marie-Madeleine de Thilorier : *D'azur, à un chevron d'argent accompagné en pointe d'un arbre d'or.* (Ar. 1696, Paris, t. III, p. 370.) En mourant, il laissait quatre filles et un fils, Armand-Jean-Marie de Rolland, qui, marié en 1805 à Marie-Louise-Jacqueline de Canolle de Lescours : *Coupé, au 1 : de gueules, à la tour crénelée, ouverte et ajournée d'argent et maçonnée de sable, accostée de deux croissans confrontés d'argent, accompagnés chacun de quatre croisettes potencées de même, et posées en croix, qui est de Canolle; au 2 : d'azur au lion léopardé d'or* (Ogilvy, t. ii, p. 139), fille de messire Jean-Charles de Canolle, marquis de Lescours, mestre de camp d'infanterie et de Jacqueline Le Long du Dreneuc, a continué la filiation et dont la descendance est aujourd'hui représentée par Joseph-Louis-Victor, marquis de Rolland, qui a épousé Juliane de Puch de Montbreton : *D'azur à un sablé d'or sur un mont de même* (Ar. 1696. Guienne, p. 1068), fille d'Emmanuel de Puch et d'Elizabeth de Lafaye. *(Généal. de Rolland.)*

3° MARIE DE CHAPERON, baronne de Beautiran et d'Aiguesmortes, dame de Laprade, de Lartigue, de Saint-Médard, de Salles, de Bonoas, mariée en 1730 à messire Guillaume-Joseph de Saige : *Parti au 1 : d'or à l'aigle de gueules, au 2 : d'azur à deux huchets d'argent liés et virolés de sable; au chef brochant d'argent chargé de trois étoiles de gueules, sur le tout, au point d'honneur du parti, d'argent à l'aigle au vol abaissé de sable chargée d'une bande d'or* (Généal. de Saige, p. 10) [1], fils de Jean et d'Angélique de Lassus, qui fut

---

[1] La famille de Saige, transplantée en Guienne, comme la famille Chaperon, bien qu'elle fût originaire de Coutances, en Normandie, portait dès 1404 : *D'argent à l'aigle au vol abaissé de sable chargée d'une bordure de gueules,* blason exactement semblable, sauf la bande qui est une brisure, aux armes de la famille de Clamorgan, à laquelle Jean de Saige s'était allié par son mariage avec Jeanne de Clamorgan (1349), aliàs : *D'or au huchet d'azur.* Elle a été représentée à l'*Armorial de France* par sept de ses membres, cousins au troisième degré, qui ont déclaré sept armoiries dissemblables. Un seul, Joseph-Alexandre de Saige, est resté dans la tradition et a gardé à peu près les anciennes armoiries *parties* qui furent plus tard adoptées par toutes les branches à l'exclusion des autres armoiries qu'elles avaient déclarées à l'*Armorial.* La famille David, alliée aussi à celle des Chaperon, a été représentée à l'*Armorial* par huit de ses membres, qui ont déclaré ou reçu huit armoiries distinctes. La famille de Junca, encore alliée aux Chaperon, a été représentée par neuf de ses membres, qui ont déclaré neuf écus différents. Ce fait a été répété par un nombre considérable de familles. Pour en trouver l'explication, il suffit de lire Louis Paris . « Une infinité de grandes maisons, dont la notoriété se

7

nommé conseiller du Roi en la chancellerie près le parlement de Guienne le 11 Février 1733 et mourut en 1764. Le 29 Août 1774, devant les chevaliers. Présidents-trésoriers de France, la tête nue, les deux genoux à terre, sans ceinture, épée ni éperons, elle fit et rendit foi hommage et fidélité au roi Louis XVI, roi de France et de Navarre, pour raison de : 1º la maison noble de Lavie, domaines, fiefs, cens, rentes etc., commune de Pessac : 2º son hôtel noble de la rue Sainte-Catherine, paroisse Saint-Projet, dépendant dudit hôtel ; 3º la terre et seigneurie de Laprade, en toute justice, haute, moyenne et basse ; le tout relevant de sa Majesté à cause de son duché de Guienne. Elle signe ses hommages veuve de Saige, hommagère et chevalier *(Arch. de Bordeaux)*. Elle prit part par procuration à l'assemblée de la noblesse de la sénéchaussée de Guienne séant à Bordeaux en 1789. Elle avait eu de son mariage :

1º François-Armand de SAIGE, qui suit ;

2º Marie de SAIGE, née en 1737, morte en 1780 qui fut mariée à Pierre-Emmanuel de Cazeaux : *D'azur à deux lions affrontés d'or coupés de sinople, à une muraille crénelée d'argent maçonnée de sable ayant au milieu*

» croyait au-dessus de tout contrôle, refusèrent de soumettre leur blason à la
» révision. D'autres, peu soucieuses de l'impôt, échappèrent à l'enregistrement.
» On dresserait facilement une longue liste des familles nobles qui ne figurent
» pas dans l'*Armorial*. En raison précisément des résistances que rencontrèrent
» les commissaires, de nombreuses erreurs furent commises dans les affecta-
» tions d'armoiries. Bien des noms s'y trouvent estropiés ; *des membres d'une*
» *même famille y figurent avec des écus différents.* Quelques armoiries évidemment
» *erronées* semblent avoir été décrites, faute d'autres, pour éviter de longues
» recherches, et cependant motiver la perception du droit. Enfin, la plus grande
» correction ne règne pas dans l'orthographe des noms qui composent ces listes,
» et la même famille y figure souvent sous des noms orthographiés d'une façon
» différente. Il présente une liste d'environ 60,000 noms. » **(Louis Paris, 1866.**
Indicateur du grand Armorial général de France, t. I., p. XII et XIII.)

une porte de ville ajournée, du champ, dont la herse
d'or est à moitié levée (Ar. 1696. Guienne, p. 90),
président au parlement de Bordeaux.

François-Armand de SAIGE, baron de Beautiran et d'Aigues-
mortes, né en 1734, pourvu le 9 Juillet 1760, avec
dispenses d'âge, de la charge d'avocat-général au parlement de Guienne, épousa en 1765, Marie-Jacquette-
Martine, *dite* Jacqueline de Verthamon : *Ecartelé au 1 : de*
gueules au lion passant d'or; aux 2 et 3 : cinq points d'or
équipollés à quatre points d'azur; au 4 : de gueules (Ar.
1696. Guienne, p. 9), fille de Martial-François de Vertha-
mont de Chalucet-d'Ambloy, président au parlement de
Guienne et de Marie-Thérèse de Caupos, vicomtesse de
Biscarosse et de Châtillon. Après avoir assisté à l'assemblée
de la noblesse de Bordeaux pour l'élection des députés aux
Etats généraux en 1789, il fut nommé commandant des gardes nationales de Bordeaux. Elu maire
de Bordeaux en 1791, il devint en 1793 chef de la fédéra-
tion girondine. Destitué, il fut arrêté à son château de
Bourran, par l'ordre des commissaires Talien, Lacombe
et Isabeau, et exécuté en place Dauphine le 24 Octobre
1793. C'est lui qui avait fait bâtir par l'architecte Louis,
qui construisait alors le théâtre de Bordeaux, le monument
splendide qui sert aujourd'hui d'hôtel de préfecture au
département de la Gironde ; après un voyage qu'il fit en
Italie d'où il rapporta un grand nombre d'objets d'art, il fit
de sa maison un véritable musée, et s'était plu à embellir
ses châteaux de Bourran et de Saige. La ville de Bordeaux
pour honorer sa mémoire, a donné en 1863, le nom de
Saige à l'ancienne rue de l'Intendance *(Généal. de*
Saige).

XV. Messire MARC CHAPERON DE TERREFORT, chevalier, seigneur de Terrefort, de Lataste, de Saint-Julien et
autres lieux, conseiller du Roi, trésorier-général de France,
premier président au bureau général des Finances, juge du
domaine du Roi, et grand voyer de la généralité de Guienne.
Il fit et rendit le 27 Août 1753, les foi et hommages qu'il
devait au roi Louis XV, roi de France et de Navarre, à raison
de la maison noble de Terrefort dont il avait hérité de son père.
(Arch. de Bordeaux). Il était mort le 12 Mars 1785, comme
on le voit par l'acte de mariage de son fils Arnaud-Julien
Chaperon de Saint-Julien avec dame Marie-Bertrande-Bardy
des Essards, acte daté de ce jour. Il avait épousé le mardi
7 Août 1730, en l'église de Sainte-Eulalie à Bordeaux, damoiselle Anne de Cazenave de Tenac : *D'azur à une tour
ajournée à dextre d'argent, maçonnée de sable ; écartelé, aux 2
et 3 : de gueules à un lion d'or ; au 4 : d'azur à une rose
d'argent* (Ar. 1696. Guienne, p. 921), fille de messire Arnaud
Cazenave, écuyer, et de dame Marie de la Chèze : *D'azur à
13 triangles d'argent, posés 3. 3. 3. 3 et 1.* (Ar. 1696.
Guienne, p. 110). Ont signé avec les époux : de Chaperon
père, messire Jean de la Chèze, trésorier de France, messire
Pierre Bergeron, écuyer, et messire Philibert-Jean Debiré,
écuyer. De ce mariage sont issus :

1° FRANÇOIS-JOSEPH CHAPERON de TERREFORT, seigneur
de Terrefort, baron de Tustal, de Calamiac et de Jos. Pourvu
de l'office de conseiller-*lay* au parlement de Bordeaux avec
dispense d'âge de sept mois, par lettres de provisions données
à Versailles le 26 Janvier 1759 ; *signé sur le repris : Par le*

Roi : Dennet, et scellées du grand sceau de France sur cire jaune ; reçu le 14 Mars suivant. Il était né le 23 Août 1734, et du vivant de son père, il lui avait succédé, avant 1771, dans la propriété de la terre et seigneurie de Terrefort ; vota aux assemblées de la noblesse de la sénéchaussée de Guienne en 1789, et périt sur l'échafaud révolutionnaire en 1793. Il avait épousé le 19 Janvier 1768, en l'église de Sainte-Eulalie, à Bordeaux, Marie-Elizabeth de Gaigneron des Vallons, fille de feu noble Roger, ancien capitaine de cavalerie, et de dame Marie Papin, habitant au couvent de la Visitation en la paroisse de Sainte-Eulalie, et cousine-germaine de Marie-Roze-Joséphine de Tascher de la Pagerie, première femme de Napoléon Ier, et aïeule de Napoléon III [1]. Furent présents à ce mariage : Messire Marc de Chaperon, père de l'époux ; messire François de Calmeilh, porteur de procuration pour l'épouse et son curateur ; Joseph-Emmanuel de Villeneuve de Durfort ; François-Augustin du Boscq ; Arnaud-Julien Chaperon de Saint-Julien ; Claude Roger des Vallons ; Tenac de Chaperon, mère ; Roze des

(1) Madame **Vergers de Sannois :** *D'azur à la bande d'or* (Dubuisson. *(Armorial de Paris)*, créole de la Martinique, a eu trois filles et un fils. Ces filles sont devenues : Madame *Tascher de la Pagerie,* madame *Poquet de la Tuilerie* et madame *Gaigneron des Vallons.*

Madame **Tascher de la Pagerie** a eu une fille *Marie-Rose-Joséphine*, devenue madame de *Beauharnais*, puis impératrice, et a eu de M. Beauharnais un fils *Eugène* et une fille *Hortense* qui a épousé *Louis Napoléon,* roi de Hollande, d'où : un fils *Louis,* devenu *Napoléon III.*

Madame **Poquet de la Tuilerie** a eu trois filles : Mesdames Dillon, des Barrières, et Levassor de la Touche.

Madame **Gaigneron des Vallons** a eu quatre filles : Mesdames de Brach, de Calmeth, *Chaperon de Terrefort,* et Mlle des Vallons.

Madame **Chaperon de Terrefort** a deux filles : Julie Chaperon de Terrefort et *Rose-Michelle,* devenue comtesse de *Monbadon,* laquelle a eu trois enfants, Amédée, comte de *Monbadon ;* Léontine, baronne *de Malet* et Zélima baronne *de Vassal.*

L'impératrice *Joséphine* et madame *Chaperon de Terrefort* étaient donc *cousines-germaines ;* et Napoléon III, le comte de Monbadon, la baronne de Malet, et la baronne de Vassal, issus de la même souche, étaient cousins au quatrième degré.

Vallons; Raine des Vallons, qui ont signé; et aussi, Jean-Joseph de Chaperon, chanoine de Saint-André, pour avoir fait le mariage. De cette union sont issues :

I. ANNE-CLAUDINE-RENÉE-JULIE CHAPERON DE TERRE-FORT, dernière représentante du nom de Terrefort. Née le 28 Octobre 1771, elle eut pour parrain messire Claude-Roger de Gaigneron des Vallons, écuyer, et pour marraine, dame Anne de Cazenave de Tenac, son aïeule; morte le 11 Avril 1834. Elle légua, par testament du 10 Mars 1827, une rente perpétuelle [1] de 500 francs pour l'entretien d'un élève pauvre au grand séminaire de Bordeaux. Elle avait donné, de son vivant, en 1831, sa maison de la rue des Ayres, à la paroisse de Saint-Pol qui en a fait son presbytère. Sur l'un des piliers de la grande nef de cette église, une inscription sur plaque de marbre consacre le souvenir de ce don pieux.

A PERPÉTUITÉ

SERVICE FUNÈBRE LE 11 AVRIL

POUR LE REPOS DE L'AME

DE MADEMOISELLE JULIE

CHAPERON DE TERREFORT

BIENFAITRICE GÉNÉREUSE

DE L'ÉGLISE DE SAINT-POL.

II. ROSE-MICHELLE-CASIMIR CHAPERON DE TERRE-FORT, née le 9 Mai 1776. Elle eut pour parrain,

[1] Faculté à ses héritiers de se libérer en versant 10,000 francs, ce qui a été fait le 15 Mai 1834, par ses trois héritiers : comte de Monbadon, baron de Malet, baron de Vassal. La désignation de l'élève qui doit jouir de la bourse appartient actuellement à Mesdames de Malet et de Vassal, à tour de rôle.

Michel-Casimir Chaperon de Lataste, chevalier, seigneur de Lataste, son oncle, et pour marraine, Françoise-Roze de Gaigneron des Vallons, sa tante, et
mourut à Bordeaux le 29 nivôse 1805. Elle avait épousé
Laurent de la Faurie : *Coupe au 1 : D'or à trois étoiles
rangées de sinople ; au 2 : d'azur au lion d'or.* (Ogilvy,
t. II, p. 409), comte de Monbadon, chevalier, seigneur
baron de Monbadon, comte de Moncassin, sénateur et
maire de Bordeaux sous l'empire, pair de France,
maréchal-de-camp, chevalier de Saint-Louis, grand'-
croix de la Légion-d'Honneur, mort à Bordeaux, le 29
Décembre 1841. Elle a eu de cette union :

1° Julien-Amédée de la FAURIE de MONBADON, qui
   suit ;

2° Jeanne-Léontine de la FAURIE de MONBADON, née
   au mois de Mai 1801, mariée à Henri, baron de Malet de
   Sorges : *De gueules à trois fermeaux d'or* (Ogilvy,
   t. II, p. 230), auditeur au Conseil d'Etat et sous-préfet
   du temps de l'Empire, puis conseiller à la Cour royale de
   Bordeaux. A la mort de son frère, le 5 Mars 1860, elle a
   reçu de lui par donation, la terre et le château de Terrefort, quelle a laissés à son fils Laurent-Just, baron de
   Malet, allié le 5 octobre 1858, Marie-Henriette-Louise
   Robertine de Bouillé : *De gueules à la croix ancrée d'argent* (Famille), fille de Jacques-Marie-Gaston de Bouillé,
   comte de Bouillé, et de Marie-Elisabeth-Joséphine-
   Juste-Hélène des Grottes.

3° Marie-Célina de LA FAURIE de MONBADON, née
   au mois d'Août 1803, mariée par contrat du 4 novembre

1824, avec Philippe-Armand, baron de Vassal-Cadillac :
D'azur à la bande d'argent remplie de gueules, char-
gée de trois besans d'or, et accompagnée de deux étoiles
de même, une en chef et l'autre en pointe. (Ogilvy, t. II,
p. 124).

Julien-Amédée de la FAURIE de MONBADON, comte de
Monbadon, chevalier, né à Bordeaux, le 12 Novembre
1796, entra au service en 1810, comme page de
Napoléon Ier. Devenu premier page, il fit avec l'empereur la campagne de 1814. Avant l'abdication, nommé
lientenant de cavalerie le 15 Mars de la même
année, il devint plus tard capitaine-commandant aux
hussards de la garde royale le 9 Mai 1821, et en exerça
les fonctions jusqu'au licenciement de ce régiment en 1830.
Il avait été institué héritier de la pairie de son père par
ordonnance du mois de Juillet 1815, et par lettres patentes
du roi Louis XVIII des années 1817 et 1823. Il a épousé
en 1833, Laurence-Félicité d'Abbadie : *De gueules à*
2 lions affrontés d'or contre rampants sur une montagne
d'argent, au chef cousu d'azur chargé d'une colombe
essorante d'argent (Ogilvy, t. II, p. 75), sa cousine, fille
de Laurent d'Abbadie et d'Anne-Colombe-Amélie Ferrand.
Il a eu : Adèle-Laurence-Amélie de la Faurie de Monbadon, mariée à Louis Barthélemy, vicomte de Laz-Cazes
Beauvoir : *D'or à la bande d'azur, à la bordure de gueules,*
au franc quartier de comte (Etat présent, p. 944) [1],
lieutenant de vaisseau, officier de la Légion d'honneur,
décoré du Medjidié, et morte le 10 Octobre 1859, au château de Terrefort dont son père avait hérité. Il mourut lui-
même à Paris le 5 Mars 1860. *(Généal. de la Faurie.)*

---

1 **Etat présent de la noblesse.** — *Bachelin-Deflorenne, 1869.*

2° MICHEL-CASIMIR CHAPERON DE LATASTE, chevalier, seigneur de Lataste, commune de Langoiran, capitaine aide-
major avant 1776 au Royal-Champagne, fut parrain le 9 Mai
1776 de Rose-Michelle-Casimir Chaperon de Terrefort, sa
nièce, qui eut pour marraine, Françoise-Roze de Gaigneron
des Vallons, sa tante. Il vota à l'Assemblée de la
noblesse de la sénéchaussée de Guienne pour l'élection
des députés aux Etats-Généraux de 1789, et mourut sans
alliance.

3° ARNAUD-JULIEN DE CHAPERON qui a continué la filiation.

4° JEAN-JOSEPH DE CHAPERON, chanoine de la cathédrale de
Saint-André, célébra le 19 Janvier 1768, en l'église de Sainte-
Eulalie à Bordeaux, le mariage de son frère François-Joseph
Chaperon de Terrefort avec Marie-Adelaïde de Gaigneron des
Vallons.

5° Le chevalier N... DE CHAPERON, sur lequel on n'a pas de
renseignements.

6° JEANNE-FÉLICITÉ DE CHAPERON, mariée le 22 Avril 1750 à
messire François-Augustin du Boscq : *D'or à trois arbres de
sinople posés sur une terrasse de même, au levrier de sable passant au pied ; au chef d'azur chargé de trois étoiles d'or*
(Ogilvy, t. II, p. 389), chevalier, conseiller du Roi, clerc et
secrétaire de la ville et cité de Bordeaux, seigneur des
maisons nobles de Tenac et de Ciran, en Médoc. Elle a eu de
cette union :

   I. MARC-HENRI, baron DU BOSCQ, officier au régiment de
   Languedoc, chevalier de Saint-Louis, émigré durant la
   révolution, qui n'a laissé de son mariage avec Marie-Louise

de Castelneau d'Essenaut : *De gueules à un château don-jonné de trois tours d'argent maçonnées de sable* (Arm. Guienne , p. 815), qu'un fils, Louis-Victor, baron du Boscq, mort sans alliance.

II. JACQUES DU BOSCQ qui a continué la filiation.

III. Dame MARIE DU BOSCQ, mariée en 1782, à Jean-Charles comte de la Roque-Bouillac : *D'argent à un chef d'azur chargé de trois rocs d'or* (Arm. 1696. Toulouse, p. 22), lieutenant-colonel, chevalier de Saint-Louis, issu d'une des plus anciennes maisons du Quercy, d'où, une fille unique : Jeanne-Adèle de la Roque-Bouillac, mariée en 1808 à Jean-Joseph-Alphonse, comte de Toulouse-Lau-trec, vicomte de Montfa.

JACQUES, chevalier DU BOSCQ, ancien gendarme de la maison du roi Louis XVIII, émigra en 1791 avec son frère et le comte de la Roque-Bouillac leur beau-frère ; ils firent ensemble la campagne de 1792 dans l'armée de Condé. Le chevalier Du Boscq, décédé en 1854, avait épousé : 1º Prétonille Alezais; 2º Marie-Rose-Louise-Catherine-Françoise De Maignol de Borde : *D'azur au griffon d'or* (Ogilvy, t. I, p. 44), fille de messire Etienne-Pierre de Maignol de Bordes , et de dame Elisabeth Poncet : Du premier lit : Marc-Henri, baron Du Boscq, juge d'instruction près le tribunal civil de Libourne, marié en 1837 à Marie-Anne Pédesclaux : *D'azur à une fasce d'or chargée d'une molette de sable et accompagnée de 3 roses d'or, 2 en chef et 1 en pointe.* (Arm. 1696. Guienne, p. 871). Du second lit : Joseph-Alphonse Du Boscq, marié en 1814 à demoiselle Anne-Zélie France : *Fascé d'argent et d'azur de six pièces, les trois fasces d'argent chargées de six fleurs de lys de gueules.* (Ar. 1696. Guienne, p. 757.) — *Généal. Du Boscq.*

7° JEANNE DE CHAPERON, conjointe avec Joseph-Emmanuel de Villeneuve de Durfort : *Écartelé aux 1 et 4 : d'argent à la bande d'azur ; aux 2 et 3 ; de gueules au lion d'argent.* (Fourmont, t. III, p. 116), chevalier, seigneur baron de Macau, de Ludon, de Cantemerle et de Mestarieu, conseiller au parlement de Bordeaux, qui, en 1759, résigna volontairement son office en faveur de son beau-frère, François-Joseph de Chaperon *(Arch. de Bord.)*, et assista à l'assemblée de la noblesse, séante à Bordeaux en 1789. Cette illustre et puissante maison de chevalerie, dont les possessions s'étendaient de l'Agenois et du Quercy jusqu'à Narbonne, dès le XIᵉ siècle, prit son nom d'une terre située près de Lauzerte et de Moissac, et remonte à Foulques, seigneur du château de Durfort, qui vivait en 1065. Bernard de Durfort accompagna en terre sainte Richard, roi d'Angleterre, avec son fils et son frère, Guillaume et Bertrand. Ils sont nommés dans un acte passé à Messine en l'an 1190. Elle s'est divisée en trois branches principales, de Duras, de Lorges et de Civrac, en Guienne. La troisième branche s'est détachée de la tige au 9ᵐᵉ degré, dans la personne de Jean de Durfort, seigneur de Duras et de Jeanne Angevin. *(Fourmont,* t. III, p. 12).

8° Delle N... DE CHAPERON, conjointe avec Pierre de La Mothe : *D'argent à l'arbre de sinople lié d'or, accosté de deux étoiles de gueules* (Ogilvy, t. II, p. 140), lieutenant de roi, gouverneur de la citadelle de Blaye, qui signe comme témoin le 12 Mars 1785, l'acte de mariage de son beau-frère, messire Arnaud-Julien Chaperon de Saint-Julien, avec dame Marie-Angélique-Bertrande-Bardy des Essarts.

XVI. Messire Arnaud-Julien CHAPERON de SAINT-
JULIEN, écuyer, seigneur des maisons nobles de Saint-Julien
et de Galateau, fut marié deux fois : 1° à delle Jacquette de
Piffon *(voy. Piffon, p. 86)* ; 2° le 12 Mai 1785, en l'église de
Sainte-Eulalie de Bordeaux, il épousa dame Marie-Angélique-Bertrande-Bardy des Essards : *De sinople à un pal componné d'or et de
sinople* (Ar. 1696, Dauphiné, p. 589), fille de Bernard, ancien
capitaine d'infanterie et de dame Thérèze de Vergers : *D'argent
à un loup passant de sable* (Ar. 1696, Guienne, p. 1218). Les
témoins furent : Pierre Gabouriau, Pierre de La Mothe, beau-
frère de l'époux, messire Louis-Maurice des Essards, fils aîné,
officier d'infanterie, frère de l'épouse, Jean-Baptiste Valade,
officier de cavalerie. Il a eu de son premier mariage : 1° Messire Pierre Chaperon de Saint-Julien, mort à Macau, sans
laisser de lignée ; 2° Marie-Julie-Jacquette Chaperon de Saint-
Julien, conjointe en 1798 avec Jean de Cambon : *D'azur à une
rose d'argent.* (Ar. 1696, Guienne, p. 1040), dont le frère aîné,
Jean-Eléasard de Cambon, avait émigré, puis fait partie de l'armée
des Princes, d'où une fille : Marie-Amélie-Coralie de Cambon,
née en 1803 qui a épousé en 1829. Jean-Antoine Belgé de La-
garde : *De sable à une ancre d'argent surmontée d'une croix
alésée accompagnée de deux gourdes, de même* (Famille), et mourut à Macau en 1854, laissant trois fils : *a* Jean-Antoine-Léonce-
marié à Catherine de Saint-Angel : *D'or au palmier de sinople
supporté par deux lions affrontés de gueules* (Ogilvy, t. II., p.
381), et décédé en 1861. *b* Pierre-Marie-Casimir, allié en 1859
à Marie-Charlotte de Brezetz : *De gueules à deux poissons d'argent en face l'un de l'autre.* (Ar. 1676. Guienne, p. 113). Pierre-

Paul, qui a épousé en 1860, Marie Espaignet de Sainte-Bazeille : *D'azur à un chevron d'or accompagné de trois étoiles de même et un chef de gueules chargé d'un lion passant d'or.* (Ar. 1696. Guienne, p. 73). Et du second mariage : 1° Pierre-Casimir de Chaperon dont l'article suit ; 2° Joséphine Chaperon de Saint-Julien, mariée en 1828, à Pierre-Constantin, qui fut pendant longtemps maire de Rions, décédée en 1833 laissant trois fils de son mariage avec Pierre Constantin.

XVII. Messire PIERRE-CASIMIR CHAPERON DE SAINT-JULIEN, né le 14 Octobre 1785, fut baptisé le lendemain en la paroisse de Capian, arrondissement de Bordeaux, et eut pour parrain, messire Pierre Chaperon de Saint-Julien, et pour marraine, Marie-Julie-Jacquette Chaperon de Saint-Julien, ses frère et sœur du premier lit. Il s'est trouvé l'unique et dernier représentant de cette branche, devenue l'aînée par l'extinction de la première, en la personne de Jean Chaperon, doyen au présidial de Libourne mort sans hoir masculin, de son mariage avec Thérèse de Ferraud. Il est mort lui-même à Bordeaux, le 20 novembre 1869, et a été enterré à Rions où se trouve située la terre de Saint-Julien. [1] Avec lui, la deuxième branche se trouve complètement éteinte, et la famille Chaperon reste uniquement représentée aujourd'hui par la troisième branche, dont le tronc est demeuré à Libourne.

---

(1) **Saint-Julien**, cette terre est aujourd'hui en grande partie la propriété des BR. FF. Carmes déchaussés qui y ont établi leur noviciat, au lieu appelé **Rions**. au-dessus de Cadillac.

§ VIII

TROISIÈME BRANCHE

—

XII. Arnaud CHAPERON, troisième fils de Julien, formant le degré XI § VI, frère de Jean Chaperon, greffier en chef des présentations en la Cour des Aydes de Guienne et de Noble Arnaud Chaperon, capitaine au régiment de Montausier, fut parrain d'Eléonore Chaperon, fille de Jean, chef de la branche aînée et de Catherine Hervou qui, née le 24 Avril 1646, fut baptisée le 24 Novembre en l'église de Saint-Jean-Baptiste, et eut pour marraine Eléonore d'Eyghem, veuve de N... David, avocat au parlement et descendante de Michel Montaigne. Il épousa vers 1642 Catherine Ollivier : *D'or à un olivier arraché de sinople.* (Ar. 1696. La Rochelle, p. 251), fille de Jean Ollivier, lieutenant de roi à Fronsac [1], et de Marie Fellonneau : *D'argent à un chevron d'azur et un chataigner de sinople fruité d'or posé en pointe sur une terrasse de sinople, et un chef d'or chargé de trois étoiles de gueules.* (Ar. 1696, Bretagne, t. II, p. 1053.) De ce mariage il eut, entre autres enfants, Ignace Chaperon, qui suit :

XIII. Ignace CHAPERON, conseiller du roi, procureur au

---

(1) **Fronsac**, chef-lieu de canton, à 2 kilomètres de Libourne. C'était autrefois le titre d'une duché-pairie considérable, érigée en 1608, par Henri IV, en faveur de *François d'Orléans, comte de Saint-Pol.* Eteinte en 1631, par la mort de ce seigneur, elle fut rétablie en 1634, en faveur du cardinal de *Richelieu,* qui y substitua son neveu *Armand-Jean de Viquerot.* L'aîné des Richelieu portait le nom de *duc de Fronsac,* du vivant de son père.

présidial, jurat, était greffier criminel de Libourne, le 16 mars
1686. Né le 12 Août 1645, il fût baptisé le 24, et eut pour
parrain son grand-père Jean-Ollivier qui a désiré qu'il fut
nommé Ignace, et pour marraine Germaine Ollivier, sa tante.
Il fut marié deux fois : 1° le 15 Avril 1679, à Jeanne David :
De gueules à trois coquilles d'or (Ar. 1696. Guienne. p. 1096),
famille que l'on trouve dès l'origine de Libourne, occupant
les premières fonctions administratives. Elle a donné des maires
à cette ville en 1520, 1543, 1553, 1603, 1640, 1639, et a
été représentée à l'*Armorial de France* par huit de ses membres [1] qui ont déclaré huit armoiries dissemblables. Celles
que nous rapportons sont celles de N... David, jurat de
Libourne. Ladite Jeanne était fille de Pierre David que l'on
croit David des Etangs et de Jeanne Voysin : *D'or à une
bande échiquetée d'argent et de gueules de trois traits.* (Ar. 1696.
Guienne, p. 104), fille d'Antoine et de Jeanne Rozier. Par ce
mariage Ignace Chaperon s'alliait aux Eyghem de Montaigne,
famille de Michel, seigneur de Montaigne, conseiller au parlement de Bordeaux en 1554, l'auteur des *Essais (Burgade)* ; 2° à

---

(1) **David**. Jean, Bourgeois de Bordeaux : *D'azur à un chiffre composé d'un J et
d'un D entrelacés.* (Arm. 1696. Guienne, 1697). — Charlotte, veuve de Hugon, conseiller au parlement de Bordeaux : *D'azur à trois étoiles d'or, deux en chef et une
en pointe, celle-ci soutenue d'un croissant d'argent* (Idem, p. 395).— David, docteur en
médecine : *D'argent à un lion de gueules, et une étoile de m'me posée au canton dextre de l'écu* (ibid. p. 910). — Jean, juge de la monnaie de Bordeaux : *Parti au 1 :
D'azur à un lion d'or et un chef cousu de gueules chargé de trois étoiles d'or ; au 2 :
d'azur à une église d'argent avec son clocher en pyramide de même, accompagnée
d'un soleil d'or posé au canton dextre du chef* (ibid. p. 545). — Alexis, bourgeois
de Bordeaux : *D'argent aux lettres A D de sable* (ibid. p. 910). — Aimé, jurat de
Libourne : *De gueules à trois coquilles d'or* (ibid. p. 1050). — Jean, ancien jurat de
Libourne : *D'or à un sautoir de gueules* (ibid. p, 1051). — Bernard, bourgeois
de Libourne : *D'or à trois trèfles de sinople* (ibid. p. 1055).

Jeanne Dumogron : *D'azur à trois lions d'or l'un sur l'autre* (Ar. 1696. Guienne, p. 104), fille d'Antoine Dumogron, bourgeois de Libourne et de Jeanne Rozier. Il a eu de son premier mariage, Arnaud Chaperon qui suivra ; et du second lit, Jean-Joseph Chaperon qui sera rapporté au § IX.

XIV. Arnaud CHAPERON, conseiller du roi, procureur au sénéchal, épousa le 20 Janvier 1712, en l'église paroissiale de Saint-Jean-Baptiste de Libourne, Marie de Junca : *D'azur à une bande d'argent chargée de trois roses de gueules.* (Ar. 1696 Guienne, p. 1052), fille de Jean de Junca, ancien jurat et de Catherine Badail : *D'azur à une bande d'argent chargée de trois roses de gueules* (Ar. 1696. Guienne, p. 1052). La famille de Junca a été représentée à l'armorial de France par neuf de ses membres qui ont déclaré neuf armoiries dissemblables [1].

---

(1) **Junca** (de). Joseph porte : *Ecartelé au 1: d'azur à trois bandes d'or ; au 2: de gueules à une épée d'argent posée en pal ; au 3 : losangé d'argent et de gueules ; au 4: d'azur à un lion d'or lampassé et armé de gueules* ; (Ar. 1696. Guienne, p. 328.) Jean-Pierre, écuyer, seigneur de Monges et de Burgos : *D'azur à une tour crénelée d'argent maçonnée de sable , posée à dextre sur une terrasse de sinople, senestrée d'un lion d'or accompagné en chef d'une étoile de m'me, posée au milieu du chef* (idem, p. 55). — Pétronille : *Fascé d'or et de gueules de six pièces* (ibid. p. 803). — Anne, veuve de de N... Cozager, écuyer : *De gueules à un lion d'or et un chef cousu d'azur chargé de trois croissans d'argent* (ibid. p. 810). — Jean, bourgeois de Bordeaux, *Fascé d'argent et d'azur de huit pièces, à une cotice d'or brochant sur le tout* (ibid . p. 846). — N... écuyer , seigneur de Polcongot : *D'argent à une bande d'azur , an chef de gueules chargé d'un soleil d'or* (ibid., p. 986). — N..., bourgeois de Libourne : *D'azur à un chevron d'or chargé de trois croissans de gueules* (ibid. p. 1051). — N..., marié à Madeleine de Bransaix : *D'argent à un croissant de gueules, accompagné de trois étoiles, de même* (ibid., p. 1165). — N... Junca de Larirede : *D'argent fascé de gueules.* (ibid. p. 1220). — Elienne, écuyer, lieutenant de roi, au château de la Bastille : *D'azur à trois bandes d'or et un écusson d'argent chargé d'une croix et d'une épée de gueules, dite de Saint-Jacques d'Espagne, posée en pal la pointe en bas.* (Ar. 1696. Paris, t. x. p. 52).

Celles que nous avons reproduites sont celles de N... de Junca bourgeois de Libourne. De ce mariage :

XV. Jean CHAPERON, marié le 20 Septembre 1742, à Louise de Bousquet : *De gueules à un chevron d'or chargé d'un arbre de sinople et de deux lions affrontés de gueules* (Ar. 1696. Montpellier. p. 814), fille de Mathias, bourgeois de Bordeaux, et de Catherine Badail, très-ancienne famille que l'on croit originaire du Languedoc. On conservait naguère encore, dans deux rameaux de la descendance de Jean Chaperon, de l'argenterie provenant des partages héritaux. Elle était marquée aux armes des Bousquet et timbrée d'une couronne de comte. Il eut de Louise de Bousquet :

1° Jean-Mathias CHAPERON, qui suit ;

2° Jean-Mathias-Auguste CHAPERON, rapporté au § X.

3° Isabelle CHAPERON, mariée à Auguste Decazes : *D'argent à trois têtes de corbeaux de sable.* (Etat présent, p. 4067), famille des plus anciennes de Libourne qui a donné des maires à cette ville en 1292, 1404, 1426, 1476, etc. Ledit Auguste, frère de Michel Decazes, Conseiller du Roi, lieutenant particulier au présidial de Libourne, qui allié le 1er Janvier 1779 à Catherine Trigant de Beaumont [1] fut père d'Elie, duc Decazes, lequel de son second mariage en 1818 avec N... de

---

(1) Si l'on se rapporte aux papiers de famille *Trigant*, qui a recueilli ceux d'Edouard Trigant, cordelier, confesseur et aumônier de la princesse de Galles, pendant son séjour à sa résidence de Condat, les Trigant descendent d'un Edgard Trigant, fils naturel d'Henri III, roi d'Angleterre, père d'Edouard Ier. Certains d'entre eux ont pris le nom de *Beaumont*, en souvenir d'un *Trigant-Beaumont*, écuyer du *Prince Noir* (prince de Galles, fils d'Edouard III), qui se distingua sous ses yeux à la bataille de Crécy. (Souffrain, t. I, p. 88).

Sainte-Aulaire, petite fille par sa mère du dernier prince régnant de Nassau-Saarbruck, a laissé trois enfants dont l'aîné, Louis-Charles-Elie-Amadieu, duc Decazes et de Gluksberj, né le 9 Mai 1819, commandeur de la Légion d'honneur, grand-croix d'Isabelle-la-Catholique, collier de Charles III, etc., est aujourd'hui ministre des affaires étrangères. De son mariage avec Auguste Decazes, Isabelle Chaperon eut : Marie-Catherine Decazes, née le 24 Août 1779, qui épousa le 10 Avril 1802, François-Vincent Lacaze : *D'azur à deux lions affrontés d'or, lampassés et armés de sable* (Ar. 1696. Guienne, p. 182), fils de François Lacaze *jeune*, et de Marie-Elisabeth Proteau : *De gueules à un portique d'argent surmonté de trois étoiles de même* (Arch. 1696. Guienne, p. 395), d'où vinrent : *a.* François-Auguste Lacaze, marié le 10 Décembre 1628 à Jeanne-Louise Morissot : *b.* Eugène Lacaze, conseiller à la Cour de Bordeaux, chevalier de la Légion d'honneur, qui a épousé le 16 Juin 1830 Marie-Modeste-Cécile Fontemoing : *De sable à un sautoir d'or* [1] (Ar. 1696. Guienne, p. 1052), fille de Jean-Raymond Fontemoing, maire de Libourne 1829-1832, chevalier de la Légion d'honneur, et de Marie-Coralie Cadefer : *c.* Marie-Catherine-Coralie Lacaze, conjointe le 6 Décembre 1830 à Jean-Gabriel-Emile Morange, maire de Libourne, 1850, 1852, chevalier de la Légion d'honneur, fils de Sylvestre et de Catherine-Françoise Moure : *De gueules à trois palets d'argent* (Ar. 1696. La Rochelle, p. 379), ladite Catherine, fille de Gabriel Moure, garde du corps du roi Louis XVI, chevalier de Saint-Louis, et de Marie-Reynaud de Pontaupin.

4° Henriette CHAPERON, alliée à Claude-Beschadergues la Grèze ; *D'azur à quatre pals d'or chargés chacun de cinq*

---

(1) Georges Fontemoing, bourgeois de Libourne. — Mathieu Fontemoing, *le jeune* portait : *De gueules à trois quinte-feuilles d'or posées en bande* (ibid., p. 1053).

pièces de vair de gueules (Ar. 1696. Guienne, p. 956), qui était sous-préfet de Libourne en 1806.

XVI. Jean-Mathias CHAPERON, né le 18 Juillet 1753, épousa au mois d'Octobre 1772, Madeleine Durand [1] : *De gueules à trois faisans d'argent contournés, 3 en chef et 1 en pointe* (Ar. 1696. Guienne, p. 545), fille de Jean Durand-Lagrangère et de Marie-Françoise Barboteau : *Tiercé en fasces, au 1 : de gueules à un soleil d'or ; au 2 : d'azur ; au 3 : d'argent à deux canettes de sable nageant sur une mer d'azur.* (Ar. 1696. Paris, p. 889). De ce mariage vinrent :

1° Jean CHAPERON dit *Grangère,* né le 12 Juillet 1773, marié le 2 Mars 1802 à Marguerite Rulleau : *D'argent à une fasce de gueules accompagnée de trois roses de même, 2 en chef et 1 en pointe* (Ar. 1696. Guienne, p. 832), fille d'Elie et de Marie Berthomieu de Mauvezin : *D'argent à un lion de sable couronné d'or* (Ar. 1696. Guienne, p. 1058), d'où vinrent :

   a. Pierre-Eugène-Grangère CHAPERON, né le 26 Avril 1818, marié le 23 Septembre 1851 à Marguerite Exshaw, fille de John et de Suzanne-Corinne Guestier.

   b. Marie-Anne-Cécile CHAPERON-GRANGÈRE née le 6 Janvier 1806, qui épousa le 10 Octobre 1828 François-Hippolyte Danglade : *D'azur à une aigle à deux têtes au vol abaissé d'or, couronnées de même, becquées et membrées*

[1] **Durand.** La famille Durand de Guienne a été représentée à l'*Armorial de France* par neuf de ses membres parmi lesquels des écuyers, qui ont déclaré neuf armoiries dissembles, celles que nous décrivons ont été inscrites au nom de Joseph Durand, conseiller du Roi, rapporteur des défauts au présidial de Libourne.

de sable (Ar. 1696. Guienne, p. 407), maire de Libourne, chevalier de la Légion d'honneur, fils de Martin Danglade et de Françoise Lacaze.

3° Bertrand-Hyacinte-Amand CHAPERON, né le 14 Octobre 1774, épousa le 13 Avril 1806, Catherine Banizette, fille de Jean-Baptiste et de Jeanne-Rose Beschadergues la Grèze, dont il eut :

    a. Eugène CHAPERON, né le 12 Octobre 1809, marié le 9 Novembre 1841 à Catherine Bayez, des sieurs du Soucat : *D'argent à l'arbre terrassé de sinople*, dernière représentante de la branche cadette des Bayez, devenue l'aînée par l'extinction de la première en la personne de Marguerite Bayez du Soucat, alliée à N... de Rollard, premier président au parlement de Bordeaux, mort à Paris en 1728. La branche cadette hérita des biens de l'aînée, le Soucat, et l'argenterie des Bayez marquée aux armes que nous avons décrites et timbrées d'un casque de chevalier. Leur fille, Marguerite-Thérèse Chaperon a épousé le 10 Octobre 1871, Edmond, comte de Chalendar [1] : *D'azur au levrier passant d'argent surmonté*

---

(1) **Chalendar (de)**. Noble et ancienne famille originaire du Vivarais, remontant par filiation suivie à noble Jacques de Chalendar, femme noble damoiselle Jeannette de Chassie qui vivaient en 1389. — Pierre, femme Marguerite de Laprade teste en 1432. — Bertrand, mari d'Hélicée de Born rend hommage à l'évêque de Viviers, le 16 Janvier 1449. — Armand, femme Louise Estagette teste en 1482. — Guillaume, femme Françoise de la Tour vit en 1506 — Guillaume II épouse Catherine du Roure, le 16 Décembre 1506. — Jugement de noblesse à Joachim, rendu le 17 Novembre 1697 par Lamoignon de Basseville *(Nobiliaire du Vivarais,* p. 322.)* — Guigues, seigneur de Mézelais et co-seigneur de Vinasacco, fils ou neveu de Bertrand et d'Hélicée de Born qui vivaient en 1475 se détache du tronc et engendre la branche des Chalendar de la Motte. Jugement de noblesse rendu le 23 Septembre 1669 par A. Bezins. — Dom Ferdinand Bouchelier, prieur de Château-sur-Salins, raconte, dans une lettre du 30 Juillet 1674, la mort de Jean de Chalendar de la Motte, capitaine au royal Infanterie, tué à l'assaut

de trois étoiles d'or rangées en chef (Ar. 1696. Montpellier, 371), chef d'escadron au 1ᵉʳ hussard, fils de
Arsène-Joseph-Frédéric-Vincent, comte de Chalendar,
général de division, grand-officier de la Légion
d'honneur et de l'ordre Léopold, décoré de Saint-
Ferdinand, et médaillé de Sainte-Hélène et de Catherine-
Louise-Eulalie de Jardin, et petit-fils de Jean-Baptiste-
Margarick, colonel et chevalier de Saint-Louis, et de
Marie-Thérèse de la Barthe : *D'argent à la tour de sable
édifice sur une terrasse de sinople* (Famille). Elle a
reçu la bénédiction nuptiale dans leur chapelle domestique
du Soucat, voisine de Terrefort.

b. James CHAPERON, né le 26 Juillet 1812, allié le 29
Août 1842 à Elisabeth Baurez, fille de Pierre-Amand-
Augustin et de Louise-Angélique Ménoire.

c. Amédée Chaperon, né le 17 Octobre 1817, marié le 22
Juillet 1852 à Marie Puchaud, fille de Michel et de Maria
Fourcault.

§ IX

XIV. Jean-Joseph CHAPERON, fils d'Ignace et de Jeanne
Dumogron, formant le degré XIII, § VIII, conseiller du Roi,
procureur au présidial, jurat en 1735 et en 1757). Né le 13

---

du fort de Saint-André. — Mathieu, tué à la bataille de Saint-Quentin, sous
Henri II. — Jean, seigneur de Saint-Laurent-des-Bains, se distingua dans la
guerre de trente ans. — Jean, son neveu, fut tué à l'assaut du fort de Saint-André-
des-Salins, en 1674 et avait un frère qui servait dans les Mousquetaires. —
(Généalogie Chalendar. — Dossier idem., à la Bibliothèque nationale).

Novembre 1698, il épousa le 4 mars 1726, Anne Desèze :
*D'azur à trois tours d'argent rangées en fasces, accompagnées
en chef de deux étoiles d'or et d'un croissant de même, en abîme*
(Etat présent. p. 1489), fille de Pierre Desèze, sieur de Mondot, et de Catherine Brunet : *D'or à un chien brac de gueules,
accolé d'or et bouclé d'argent.* (Ar. 1696. Guienne 1013). Il
reçut la bénédiction nuptiale en l'église de Saint-Emilion, en
présence de Pierre Desèze de Mondot, père de l'épouse, N...
Chaperon, frère de l'époux, Proteau et Labagnères qui ont signé
au registre. De son mariage avec Anne Desèze, Jean-Joseph
Chaperon eut, entre autres enfants, Romain Chaperon, qui suit :

XV. Paul-Romain CHAPERON, né le 20 Avril 1732,
eut pour marraine, Catherine Brunet, sa grand'mère maternelle. Jurat en 1769, conseiller du Roi faisant les fonctions de
procureur du Roi, à l'assemblée de la noblesse de Libourne,
tenue le 16 Juillet 1789 ; il périt sur l'échafaud révolutionnaire.
« Le 4 Novembre 1793, la générale battue, la garde nationale
» sous les armes, et le tribunal révolutionnaire en séance,
» on fit traduire les infortunés Chaperon et Tranchère, qui
» furent condamnés à mort. Renvoyés l'un et l'autre à la Con-
» ciergerie pour quelques moments, Chaperon, cet honnête
» homme digne d'un meilleur sort, avocat distingué, ami des
» arts, à qui nous devons un *Traité au pastel,* imprimé à
» Paris, se confessa avant d'aller à l'échafaud. Ses propres
» concitoyens, sous les armes, assistèrent à son supplice. Quel-
» ques-uns, en voyant tomber sa tête, crièrent : *Vive la Répu-*
» *blique !* d'autres eurent le courage de verser des pleurs

(Sonffrain, t. iv, p. 513. Il était cousin-germain [1] de Raymond
Desèze, le défenseur de Louis XVI, qui, né le 24 Septembre
1748, à Bordeaux, épousa Marguerite Bretons, et mourut à
Paris, le 2 Mai 1728. Comte de Sèze, pair de France, ministre
d'Etat, chevalier commandeur des ordres du Roi, grand trésorier de l'ordre du Saint-Esprit, premier président de la Cour
de cassation, membre de l'Académie. Pair de France, le 17
Août 1811 ; comte, le 31 Août 1817. Armes : *De gueules semé
de France, au château du Temple brochant*. Devise, donnée par
le roi Louis XVIII en signant l'ordonnance du 12 Novembre
1817, laquelle modifiait les armoiries du comte de Sèze : *Mani-
bus date lilia plenis*, aliàs, le 22 Décembre 1792, (date de la
défense du roi Louis XVI) : « *Le sang du Roi couvre mon
écusson* ». Sa postérité est représentée aujourd'hui par Louis-
Raymond, troisième comte de Sèze, né à Paris le 12 Septembre
1823, fils unique de Etienne-Romain, deuxième comte de
Sèze, pair de France, chevalier, commandeur des ordres du
roi, grand trésorier de l'ordre du Saint-Esprit, président à la
cour royale de Paris, né à Bordeaux le 27 Octobre 1780;
décédé à Paris le 22 Avril 1862, et de Armande-Louise Bernard de Montebise, née au château de Monteau le 4 Juillet 1789
et décédée à Brevannes le 4 Juillet 1854. Ledit Etienne-Romain,
fils aîné de Raymond, premier comte de Sèze, le défenseur de
Louis XVI (Etat présent, p. 1491).

---

(1) **Raymond Desèze**, le défenseur de Louis XVI, était fils de Jean Desèze, et
de delle Dubergier — ledit Jean était fils de Pierre Deséze et de Catherine Brunet.
et frère d'Anne Desèze, femme de Jean-Joseph Chaperon. Raymond Desèze était
donc le cousin-germain de Paul-Romain Chaperon.

§ X

XVI. Jean-Mathias-Auguste CHAPERON, né en 1743, second fils de Jean et de Louise de Bousquet, formant le degré XV § VIII, épousa, le 16 Janvier 1783, Marie Granesau, fille de Guillaume et de Jeanne Dégrave. Il mourut le 25 octobre 1825, laissant :

1° Louis CHAPERON, qui suivra :

3° Guillaume-Chéry CHAPERON, ancien officier d'infanterie, médaillé de Sainte-Hélène, né le 16 Mai 1790, mort le 30 Septembre 1870, sans alliance. Il assista à Lutzen, à Botzen, à Dresde et à Leipzig, où il fut fait prisonnier. Il avait été blessé d'un coup de feu au genou à la bataille de Salamanque, au 122e régiment, sous Marmont.

3° Jeanne-Elisabeth CHAPERON, née en 1783, morte le 2 Novembre 1859, sans alliance, qui n'a été connue à Libourne que sous le nom de *Chaperonne*, c'est-à-dire le nom du père, féminisé Cet usage, comme les actes le prouvent, existait dans la famille Chaperon dès 1421. (Voy. p. 26).

4° et 5° Babet et Hermance CHAPERON, mortes aussi sans alliance.

XVII. Guillaume-Louis CHAPERON, né à Libourne le 17 Septembre 1784 épousa le 8 Novembre 1812 à Morlaix, dame Madeleine-Angélique-Aimée Alexandre, fille de Gabriel-Henri et de Cécile Blet ; à la suite de ce mariage il se fixa en Bretagne et mourut à Morlaix le 18 Mai 1852. Fidèle à la tradition, il avait donné à son fils aîné qui naquit le 11 Octobre 1814, et mourut jeune, le nom de *Jean*, ce nom que son aieul Jean Chaperon avait porté et que son père Jean Chaperon et sa sœur aînée Jeanne *Chaperonne* portaient encore. Il a laissé entre autres enfants Henri Chaperon dont l'article suit :

XVIII. Charles-Henri CHAPERON, né le 13 Avril 1818, capitaine de frégate, officier de la Légion d'honneur, chevalier de l'ordre du Mérite militaire de Savoie, décoré du Medjidié, médaillé de Crimée et d'Italie. Chevalier de la Légion d'honneur (6 Mars 1839), pour l'assaut de Martin Garcia ; capitaine de frégate (5 Octobre 1855), pour la prise de Sébastopol ; il fit la campagne d'Italie (1859) commandant le Caffarelli. Il a épousé le 22 Juin 1852, en l'église paroissiale de Saint-Louis, à Brest, Augustine-Elisa Buglet : *D'argent, à un chevron de sable accompagné de trois hures de sanglier de même, deux en chef et une en pointe* (Ar. 1696. Bretatagne, t. I, p. 881), fille de François Buglet, capitaine de vaisseau, chevalier de Saint-Louis, commandeur de la Légion d'honneur, et de Jeanne-Louise-Virginie-Zoé Lavallée. Il est le représentant actuel de cette branche à Brest en Bretagne. Il a eu :

1° Clément-Louis-Henri CHAPERON, né le 15 Août 1857.

2° Clément-Guillaume-Arnaud CHAPERON, né le 9 Février 1870.

3° Eliza-Louise-Berthe CHAPERON, née le 4 Avril 1853, qui a épousé le 30 Juin 1873 Georges-Louis Roustel, lieutenant de vaisseau, chevalier de la Légion d'honneur, qui commande aujourd'hui l'Alecton.

Six autres rameaux sont demeurés à Libourne, et leur descendance y est aujourd'hui représentée par : Félix ; — Raymond, Armand, Jules ; — Paul, cinquièmes descendants directs d'Ignace Chaperon et de Jeanne David, et Charles ; — Joseph ; — Romain, Adrien, quatrièmes descendants directs de Jean-Joseph Chaperon et d'Anne Desèze. — Ledit Jean-Joseph, fils d'Ignace Chaperon et de Jeanne Dumogron, deuxième lit. *(Voy. p. 114.)*

Le titre de baron, porté par le chef de la branche aînée, n'a pas été relevé depuis la mort de FRANÇOIS-JOSEPH CHAPERON DE TERREFORT, baron de Tustal, guillotiné en 1793.

LES VIII QUARTIERS

DE

Gaspard CHAPERON

CHEVALIER DE MALTE

LES VIII QUARTIERS

De Gaspard CHAPERON

Chevalier de Malte

——————~~——————

CATALOGUE *des Chevaliers de l'Ordre de Saint-Jean de Jérusalem, de la vénérable Langue de France, du Prieuré d'Aquitaine, avec les Quartiers qui ont servi à leurs preuves admises à Malthe, lors de leur réception, copiée sur les registres des Archives de la Langue de Malthe.*

(Manuscrit de la Bibliothèque de l'Arsenal, p 530 de l'original.)

——————

Gaspard CHAPERON de Bourgneuf, diocèse de Poitiers, reçu le 24 Avril 1629, était fils d'Emerend Chaperon, écuyer, seigneur de Bourgneuf, et de Jeanne des Aubus.

Ledit ÉMEREND était fils de Jean Chaperon, seigneur de Bourgneuf, et de Léonore des Rouziers ; — ledit Jean était fils de Jacques Chaperon, seigneur de Bourgneuf et de Ladelin, et de Jacqueline Boyvin, fille de Jean Boyvin, écuyer, seigneur de Montail, et d'Isabeau de la Touche ; — ledit Jacques était fils d'André Chaperon et de Perrette Laurens ; — ledit André était fils de Jean Chaperon et de Denyse de Saint-

Jouyn ; — ledit Jean était fils de Gilles Chaperon et de
Jeanne d'Escoubleau ; — et ledit Gilles était fils d'Auvergnais Chaperon,[1] chevalier, seigneur de la Lande-Chaperon et
de *Terrefort*, chambellan du roi Charles VII, lequel avait un
frère chevalier, nommé Charles Chaperon, qui est en la page
18. *(Voir les VIII Quartiers de Charles Chaperon.)*

Ladite LÉONORE DES ROUZIERS, ayeule paternelle, était
fille de Charles des Rouziers, écuyer, seigneur de la Guérinière, de Girnerie et de Châteauneuf en Anjou, et de Gabrielle
de Marconnay, fille de Louis de Marconnay, seigneur dudit
lieu, de Coulombiers et de Pouancey, et de Francoise de Marconnay ; — et ledit Charles était fils de Mathurin des Rouziers et d'Anne de la Baudrière ; — et ledit Mathurin était fils
d'autre Mathurin des Rouziers, écuyer, seigneur des Champs
et de Jeanne Le Roux.

Ladite JEANNE DES AUBUS, mère, était fille d'Annibal des
Aubus, écuyer, seigneur de Morton, et d'Elisabeth de
Fougère ; — ledit Annibal était fils de Gaspard des Aubus,
seigneur de Morton, et d'Andrée du Rivau ; — ledit Gaspard
était fils de Raoul des Aubus, seigneur de Morton et du

(1) Ledit Auvergnais, était fils de Geoffrey Chaperon de la Chabocière, seigneur
de la Lande-Chaperon et de Macée d'Avoir — ledit Geoffroy, était le fils de Jean
Chaperon de la Chabocière, seigneur de Lande-Chaperon — ledit Jean était fils
de Philippe Chaperon, valet, puisné de sa maison, auteur de la branche cadette,
neuvième aïeul du présenté, qui, le mercredi après la fête de la Décollation de
Saint-Jean-Baptiste, l'an 1351, maria sa fille Jeanne Chaperon à Baudoin de
Savonnières, seigneur de Brehery — et ledit Philippe, était le fils cadet de N ..
Chaperon, seigneur de la Chaperonnière, dixième aïeul du présenté, qui vivait
en 1300.

Plessis-Greffier, et d'Andrée de Sery; — et ledit Raoul était fils d'Antoine des Aubus, écuyer, seigneur de Coulombiers, en Touraine.

Ladite ANDRÉE DU RIVAU, bisayeule maternelle, était fille de René du Rivau, chevalier, seigneur de Villiers, de Boyvin et de Chasseigne, gouverneur de Loudun, et lieutenant des gardes-du-corps du Roi, et de Catherine de la Jaille; — ledit René était fils de Guillaume du Rivau et de Jacqueline de Broc.

Ladite ELISABETH DE FOUGÈRE, ayeule maternelle, était fille de Gabriel de Fougère, écuyer, seigneur de Forges, de Coulombiers et du Breuil, et d'Elisabeth Martel; — ledit Gabriel était fils de Jacques de Fougère et de Françoise de Sanzay; — ledit Jacques était fils de Pierre de Fougère et de Marguerite de Bridiers; — et ledit Pierre était fils de Philippe de Fougère et de Marie de Leffe.

Ladite ELISABETH MARTEL, seconde bisayeule maternelle, était fille de Gabriel Martel, écuyer, seigneur de Tricon et de Launay, et de Léonore Zapatte, dame espagnole; — ledit Gabriel était fils de René Martel, écuyer, seigneur de Tricon, capitaine des gardes-du-corps du Roi, et de Jeanne Desmierre; — et ledit René était fils de Geoffroy Martel et de Jeanne d'Asnières.

ARMES

Des huit Quartiers de Gaspard CHAPERON

PORTAIENT :

CHAPERON........ D'argent à trois chaperons de gueules.

LAURENS......... D'or semé de fleurs de lys de gueules.

BOYVIN........... D'argent à deux chevrons de sable.

La TOUCHE........ D'or au lion de sable couronné de gueules.

Des ROUZIERS.... D'argent au chevron d'azur accompagné de trois boutons de rose de sinople fleuris de gueules.

MARCONNAY...... De gueules à trois pals de vair, au chef d'or.

La BAUDRIÈRE.... D'argent semé de fleurs de lys de gueules.

Des AUBUS........ D'azur à trois pots à deux anses d'or.

SERY............. D'or au lion de sable.

Du RIVAU......... D'or à trois fusées et demie de gueules posées en fasces.

FOUGÈRE......... De gueules à trois lambeaux d'or.

MARTEL........... D'or à trois marteaux de gueules.

ZAPATTE......... De gueules à cinq brodequins échiquetés de sable et d'argent.

LA LÉGENDE

DU

PETIT CHAPERON

LA LÉGENDE

DU PETIT CHAPERON

LA PIE

En Anjou, au Pays de Mauges

Jean CHAPERON sire de la Chaperonnière, dit le **Petit Chaperon** à cause de sa taille, avait, après bien des exploits, obtenu la main d'une dame de haute lignée qui habitait Rochefort-sur-Loire. Des joûtes, les fêtes les plus splendides, célébrèrent durant plusieurs jours cet illustre hyménée. Au milieu d'un tournoi paraît tout-à-coup un hérault qui porte un message. C'est le suzerain qui appelle Chaperon au secours du roi d'Espagne que les Musulmans menacent. La fête interrompue, Chaperon prend congé de sa dame lui donnant la moitié de l'anneau dont il emporte avec lui l'autre partie. Il vole au combat, se distingue en maintes rencontres, mais ne peut pendant sept années donner de nouvelles à sa dame. La paix signée, il reprend la route de l'Anjou, comblé des présents du Roi qui lui doit la vie. Il passe par Rochefort, le château est désert; ses nobles habitants partis en fêtes; il continue et touche bien-

Bousoir la compagnie,
Allons nous reposer.

La belle s'est écriée :

Douce Vierge Marie
Venez me secourir
Hier je me croyais veuve
J'ai ce jour deux maris.

Tout en tenant compte du merveilleux qui s'attache le plus souvent à un récit légendaire, il n'est pas possible de méconnaître que la légende du Petit Chaperon est appuyée de preuves matérielles qui ne permettent pas de douter qu'elle raconte un fait qui s'est certainement passé ; celui de l'offrande d'un morceau de la Vraie Croix à N.-D. de Jallais, par un Jean Chaperon, sire de la Chaperonnière.

Dès le début de nos recherches, nous avions été frappé de la prédominance persistante du nom de *Jean*, ce nom que nous rencontrions à chaque pas, et dans chaque branche. Nous en avions conclu qu'il s'était passé sous ce nom dans la famille Chaperon un fait considérable dont le souvenir était perdu, et ce fait, nous le cherchions. Nous pensons aujourd'hui que ce fait considérable est celui que la légende du Petit Chaperon rapporte ; le pays de Mauges où il s'est passé le conserve et le chante encore à la veillée ; la famille, inconsciente, le perpétue, en transmettant le nom de *Jean* qui en consacre le souvenir. C'est pour nous une preuve considérable à ajouter à toutes celles qui ne permettent pas de douter, bien que nous ayons cru devoir recourir à la preuve histo-

rique pour établir le chaînon d'attache, que les Chaperon
de Guienne ne peuvent être autres, que la descendance des
Chaperon de Bretagne, comme ils le disent et comme l'histoire le dit avec eux.

Le pays de Mauges était le pays habité par la puissante famille Chaperon. C'est là que l'on trouve à peu près, toutes ses
seigneuries d'Anjou ; les principales, autour et près de
Beaupreau. Le canton nommé les Mauges, qui forme aujour-
d'hui l'arrondissement de Beaupreau, ne faisait point ancien-
nement partie de l'Anjou, et neuf des paroisses qui s'y trouvent enclavées, ne relevaient d'aucun diocèse ; elles ne
relevaient que de l'abbaye de Mont-Glonne (Saint-Florent-le-
Viel) , soit pour le spirituel, soit pour le temporel. A
l'époque de la révolution, la civilisation des Mauges était en
arrière de plusieurs siècles sur celle des autres cantons de
l'Anjou. Les mœurs des cultivateurs étaient encore patriarcales ;
on voyait, parmi eux, plusieurs générations vivre en commun,
sous l'autorité d'un aïeul, ou même d'un bisaïeul. Cet antique
usage subsiste toujours (1821), mais n'est pas général comme
autrefois. Les habitants des Mauges ont une confiance illi-
mitée dans leurs curés, pour tout ce qui concerne les croyances
religieuses ; ils ne balancent point à faire le sacrifice de leur
repos, même celui de leur vie, pour le maintien de la *coutume.*
(Bodin, t. 1, p. 41. T. 11, p. 330). C'était donc le pays
le mieux disposé pour recevoir une tradition, la conserver et
la transmettre fidèlement. C'est ce qui explique que le souvenir du fait que la légende du Petit Chaperon, rapporte, est
encore vivant dans le pays où il s'est passé.

Nous devons les renseignements sur lesquels nous avons rédigé ce chapitre, à M. l'abbé J. Nipont, aujourd'hui curé de la Pouëze, qui, pendant qu'il était vicaire à Jallais, avait dépouillé les archives de cette paroisse et avait même rédigé un manuscrit qui, prêté, a malheureusement été perdu. Nulle autorité n'est plus forte que la sienne; il ne raconte que ce qu'il a vu. Dans son enfance les vieillards lui contaient cette légende, que d'ailleurs les auteurs rapportent, et que dans les fermes voisines de Jallais on chante encore à la veillée. Il a plusieurs fois vénéré la vraie croix du Petit Chaperon. Il a vu servir encore le vendredi saint, le velours échappé aux pillages de la révolution et des guerres de Vendée; mais ces terribles guerres ont tout fait oublier dans le pays, n'y laissant subsister que leur souvenir néfaste, et il n'a pu recueillir que les quelques vers qu'il nous a donnés. Nous lui témoignons ici notre profonde et respectueuse reconnaissance.

FIN.

GÉNÉALOGIE DE LA FAMILLE CHAPERON.

(Compte-Rendu de l'Edition 1874) [1]

Le zèle des traditions se propage de plus en plus. Les familles qui en possèdent se font un honneur de les mettre en lumière. Il ne se passe guère de mois que nous ne voyions paraître une histoire généalogique ou un recueil de documents concernant une maison noble. M. Henri Chaperon vient d'apporter sa pierre à cette reconstruction de l'édifice de la noblesse française, en publiant la généalogie de sa famille.

Originaires de Bretagne, les Chaperon jetèrent plusieurs branches dans l'Anjou, la Guienne et l'Aunis. Leur filiation prouvée remonte aux dernières années du xive siècle. On y trouve plusieurs chevaliers de Malte. La généalogie dressée par M. Henri Chaperon nous a paru complète et exacte. Un point lui a semblé exiger une discussion approfondie : il s'agissait de prouver la communauté d'origine des Chaperon de Guienne et des Chaperon de l'Aunis, ces derniers établissant leur descendance de la famille noble de Bretagne. Pour appuyer sa thèse, l'auteur a employé avec une sagacité et une logique remarquables, les preuves de divers genres qu'il possédait; et étant données l'exactitude et l'authencité des documents et des faits sur lesquels il fonde son raisonnement, sa conclusion nous paraît irréfutable.

L. SANDRET.

---

(1) **Revue historique nobiliaire et biographique,** publiée sous la direction de **L. Sandret.** (T. XI, p. 475)

ERRATA

—

P.	Lig.	au lieu de :	Lisez :
7	8	accompagnés	accompagnée
12	26	Dictionnaires	Dictionnaire
14	8	Rean	Reau
16	23	demeurant	demeurant en Anjou
17	20	Seigneures	seigneuries
19	4	de Saigne	de Saiges
25	28	Charuel	Cheruel
29	6	fils présumé	petit fils présumé
30	18	souvenirs des Louis	Les souvenirs des anciens temps assiégent la pensée ; on rêve les champs de la Palestine et le tombeau du Christ ; on murmure les noms de Philippe-Auguste et de Saint-Louis, de Ville-Hardouin et de Joinville.
30	27	cimetière	cimeterre
30	35	tout sculptés	sont sculptés
31	10	1540	1440
32	3	assisie	assise
32	26	assisie	assise
34	1	Aimery de Brisay	Aimery de Brisay, seigneur de Brain, du Bouchet, d'Usseau et de la Tour-Tricon, grand maître d'hôtel et contrôleur général de la maison de monseigneur le Dauphin en 1390.

P.	Lig.	au lieu de :	Lisez :
38	18	de la Savenières.	de Savenières
41	17.	rois d'échiquier	rocs d'échiquier
45	21	avait	vivait
47	22	Seigneure	seigneur
48	3	Saint-Maurine	Saint-Maurice
52	19	de Bretesche	de la Bretesche
57	9	Bretoniz	Breteniz
63	18-24	Mathefelou	Mathefelon
66	21	Fonsecques	Fonsecques, baron de Surgères
68	29	procrée à Henri	procrée Henri
78	1	Chaperon, écuyer	Chaperon, chevalier
93	2	degré IV § VI	degré XI § VI
94	7	1816.	1616
110	29	1814	1844
120	4	3°	2°
143	8	1811	

www.ingramcontent.com/pod-product-compliance
Lightning Source LLC
Chambersburg PA
CBHW071226290326
41931CB00037B/2211